Elisabeth C. Gründler

ROHSTOFF INTELLIGENZ

Meiner Familie

Elisabeth C. Gründler, Jahrgang 1949, Studium der Rechtswissenschaft, Romanistik und Politik.
Zwanzig Jahre Berufspraxis als Schulpädagogin, seit 1994 freie Journalistin und Buchautorin.
Ihre Themen: Wirtschaft, Psychologie und Lernprozesse. Friedrich-Vogel-Preis für Wirtschaftsjournalismus im Jahr 2000, Arbeit als freie Trainerin und Lehrbeauftragte in der Erwachsenenbildung.

Elisabeth C. Gründler

ROHSTOFF INTELLIGENZ

Frühkindliche Bildung

Cornelsen
SCRIPTOR

Ihre Wünsche, Kritiken und Fragen richten Sie bitte an:
Cornelsen Verlag Scriptor, Redaktion Frühe Kindheit,
Willy-Brandt-Platz 6, 68161 Mannheim

Ihre Bestellungen und Anfragen richten Sie bitte an:
Marketing, 14328 Berlin, Cornelsen Service Center,
Servicetelefon 030 / 89 785 89 29

ISBN 978-3-589-24555-0

1. Auflage 2008

08 09 10 11 12 5 4 3 2 1

Redaktionsleiterin: Ulrike Bazlen, Mannheim
Lektorat: Eva Killmann von Unruh, München
Herstellung: Erik Störmer, Mannheim
Layout und Satz: catrackBerlin
Druck und Bindung: Druckpartner Rübelmann GmbH, Hemsbach
Umschlaggestaltung: Claudia Adam Graphik-Design, Darmstadt
Titelfotografie: © jeancliclac - fotolia.com, Berlin
Fotos: Marion Tielemann (51) Kindertagesstätte Bünningstedt, Ammersbek
Marianne Kempfer (30), Bianca Quessel (3), Heide Wettich (24)
Städtische Kinderkrippe Gleiwitzer Straße, Mainz

Printed in Germany

Weitere Informationen finden Sie im Internet unter
www.cornelsen.de

Inhalt

Inhalt

Inhalt

Vorwort

Intelligenz ist der grundlegende Rohstoff, der die Nutzung aller übrigen erst ermöglicht. Es ist der einzige Rohstoff, der sich durch Gebrauch vermehrt. Intelligenz ist weder materiell, noch abbaubar oder käuflich zu erwerben. Sie wächst – im und mit dem Menschen – lebenslang. Intelligenz ist ein Rohstoff, der sorgfältig gehegt und gepflegt werden muss, damit er sich in all seinen Facetten entfalten kann.

Wie muss die Umgebung für Kinder gestaltet sein, damit sich Intelligenz in ihren vielfältigen Formen von den ersten Lebensmonaten an entfalten kann? Bei dieser Frage wird eine grundlegende Wachstumsbedingung von Intelligenz als selbstverständlich vorausgesetzt: die liebevolle, präsente und gleichwürdige Beziehung von Erwachsenen – Eltern und professionellen Bezugspersonen – zu den Kindern, ohne die keines von ihnen sonst seine Intelligenz entwickeln könnte.

Dass sich der Blick in diesem Buch ausschließlich auf Lernprozesse in Krippe und Kindergarten richtet, hat zwei Gründe: Zum einen hält sich immer noch hartnäckig der Glaube, nur in der Schule fände wirkliches Lernen statt – stillsitzen, zuhören und auf Fragen die richtigen Antworten geben. Die hier dokumentierte Art des organisierten Lernens geht davon aus, dass ein Kind dann am besten lernt, der Rohstoff Intelligenz also optimale Wachstumsbedingungen hat, wenn der Mensch die Möglichkeit findet, aus eigenem Impuls und im eigenen Rhythmus aktiv zu werden. Der andere Grund für diese Perspektive liegt in der Vernachlässigung, die das Thema frühkindliche Bildung in Deutschland lange Zeit erfahren hat. Es fehlte an Wissen und praktischem Know-how. Um diese Lücken zu schließen, orientierten wir uns an anderen Ländern wie Großbritannien, Schweden oder den USA. Dass es auch hierzulande Beispiele von „best practice“ frühkindlicher Bildung gibt, ist noch zu wenig bekannt.

Es ist der langjährigen Arbeit von Heide Wettich, Leiterin der städtischen Krippe Gleiwitzer Strasse in Mainz, und Marion Tielemann, Leiterin der Kindertagesstätte Bünningstedt in Schleswig-Holstein, zu verdanken, dass dieses Buch entstehen konnte. Beide haben sich, unabhängig voneinander vor mehr als einem Jahrzehnt, als frühkindliche Bildung in diesem Lande noch keine Konjunktur hatte, auf den Weg gemacht, in der Weise zu arbeiten, wie sie hier dokumentiert ist: Kinder im eigenen Rhythmus und im eigenen Tempo, selbstgesteuert und den eigenen Entscheidungen folgend lernen zu lassen. Marion Tielemann und Heide Wettich haben es mit Mut, Ausdauer und Kreativität erreicht, gemeinsam mit ihren Teams eine neue Dimension kindlichen Lernens zu verwirklichen. Unterstützt wurden sie dabei in erster Linie von Eltern, die es schätzen lernten, dass ihre Kinder in der Weise lernen durften, wie es in diesem Buch beschrieben ist. Nach Aussagen einer Rektorin, die die Kinder dann später über Jahre in der Schule erlebte, ist der Unterschied im Lernverhalten bis in die höheren Klassen erkennbar.

Die Fotos in diesem Buch stammen ausschließlich aus den beiden Einrichtungen – von den Leiterinnen und ihren Mitarbeiterinnen. Insofern ist dieses Buch auch eine Dokumentation der Qualitätsarbeit, die hier geleistet wird. Marion Tielemann, Heide Wettich, Marianne Kempfer und Bianca Quessel sei an dieser Stelle ausdrücklich gedankt.

Rohstoff Intelligenz ist ein Bilderbuch für Erwachsene. Es will einen Beitrag zu einer neuen Bildsprache des Lernens leisten und öffnet damit einen Blick in die Zukunft.

Elisabeth C. Gründler,
im August 2007

1.0 Bewegungsintelligenz

Bewegung ist eine grundsätzliche Eigenschaft von Leben. Es gibt kein Leben ohne Bewegung.

Jeder Mensch kommt mit einer einfachen Grundausstattung für Bewegung auf die Welt. Diese grundlegenden Lebensfunktionen wie Atmung, Nahrungsaufnahme und Ausscheidung werden „automatisch" von den evolutionär ältesten Hirnschichten, dem Retikulärsystem, gesteuert.

Die ersten Bewegungen jedes Menschen sind von Reflexen ausgelöst. Dazu gehören der Saugreflex, der Klammerreflex oder der Schreitreflex. Es handelt sich um Bewegungen, die aufgrund bestimmter Reize automatisch einsetzen. Reflexe sind evolutionär uralte Verhaltensprogramme, die der Mensch von seinen tierischen Vorfahren geerbt hat.

Beim Menschen haben die Reflexe teilweise ihre ursprüngliche Funktion verloren und sind im Laufe der Evolution umgeformt worden, wie zum Beispiel der Klammer- oder Greifreflex: Das Menschenkind muss sich in kein Fell mehr klammern, um zu überleben. Daher ist dieser Reflex für das Überleben des Säuglings bedeutungslos geworden. Doch der Aufbau der menschlichen Intelligenz beginnt nicht bei Null. Auf der Grundlage des vorhandenen Greifreflexes entwickelt sich zielgerichtetes Greifen. Aus dem reflexhaften Zugreifen eines Säuglings, wenn irgendein Gegenstand seine Handfläche berührt, wird zielgerichtetes Zugreifen, um zum Beispiel einen Löffel zu halten oder einen Gegenstand zu erforschen.

Zielgerichtete, vom Willen gesteuerte Bewegungen muss sich jeder Mensch erarbeiten. Dieser Prozess beginnt in den ersten Lebensmonaten und ist nach wenigen Jahren schon zu erheblicher Reife entwickelt. Das zeigt die groß- und feinmotorische Geschicklichkeit von Kindern: Die Reflexe werden mit Hilfe der Sinne moduliert und umgearbeitet. Dabei übernehmen diese und die höheren Hirnschichten allmählich die Steuerung der Bewegung. Aus schematischen reflexhaften Wiederholungen entwickeln sich zielgerichtete Bewegungen. Bewegungsintelligenz baut sich auf.

Ohne eine gesunde, gleichmäßige Entwicklung der Bewegungsintelligenz können sich die Intelligenzen der „höheren", evolutionär jüngeren Hirnschichten nicht entfalten. Dazu gehört auch das Großhirn, der Neokortex, ohne den Kulturtechniken wie Lesen und Mathematik nicht erlernt werden können. Kinder, die zum Beispiel nicht in der Lage sind, rückwärts zu laufen – und das lernen sie nur freiwillig im lustvollselbstgesteuerten Spiel – können auch nur schwer subtrahieren lernen.

LEON WIPPT

Leon, 20 Monate, hat den aufrechten Gang bereits gemeistert. Jetzt hat er entdeckt, wie er durch gezielte Gewichtsverlagerung ein Brett bewegen kann: Leon wippt.

Er setzt seine Körperkraft gezielt ein. Das Brett tut, was er will. Leon beherrscht die Situation. Niemand muss dem Jungen das „Wippen" erklären oder ihm dabei behilflich sein. Er trainiert seine Bewegungen aus eigenem Entschluss und eigener Kraft – solange er Spaß daran hat.

1.1 Bewegungsintelligenz

Leons Entdeckung ist spontan und zufällig. Sie wurde möglich durch qualifizierte Krippenerzieherinnen, die Leons Entwicklungsbedürfnisse deutlich erkannt haben. In der Krippe wurde die Umgebung – hier ist es das Außengelände – mit einfachen Mitteln so vorbereitet, dass Leon seine Entdeckung machen kann. Freiwillig und aus eigenem Antrieb entwickelt er seine Bewegungsintelligenz.

LEON

ALINA UNTERSUCHT SPIRALE

Alina kann schon zielgerichtet greifen.Das sieben Monate alte Mädchen untersucht ein spiralförmiges Gefäß. Mit der rechten Hand hält es das glänzende Ding fest und betrachtet es aufmerksam. Alina liegt auf einem stabilen Podest und stützt sich mit einer Hand und einem Fuß auf den Boden. Ihr Gleichgewicht balanciert sie mit dem Fuß aus. Alina hat diese Haltung für ihre Forschertätigkeit selbst gewählt. Sie kann noch nicht allein sitzen, stehen oder gehen. Doch sie kann schon selbstständig Gegenstände, die in ihrer Reichweite sind, erforschen. Dazu benutzt sie ihre Sinne. Sie sammelt Erfahrungen mit der Qualität von Dingen.

1.2 Bewegungsintelligenz

ALINA

Alina hat für ihre Forschertätigkeit eine Haltung gewählt, in der sie sehr sicher ist: die Bauchlage. Weil sich in ihrer Umgebung das stabile Podest befindet, kann sie diese Haltung einnehmen. Alina kennt dieses Podest bereits. Sie hat es oft erkundet, indem sie darauf gekrabbelt ist. Dabei hat sie Höhenunterschiede erfahren. Nun dient ihr das Podest dazu, eine Hand „frei“ zu bekommen. Damit ist sie feinmotorisch aktiv. Die Haltung, die sie einnimmt, erlaubt es ihr, sich auf die neue Sinneserfahrung zu konzentrieren: auf den glänzenden, spiralförmigen Gegenstand.

LAURA KLETTERT

Die etwa dreijährige Laura kann bereits freihändig Treppen steigen. Das macht sie täglich, denn der Gruppenraum ihrer Krippe liegt im ersten Stock. Nun meistert sie die Außentreppe von der „falschen“ Seite – von außen: Sie nutzt die Treppe als Klettergerüst. Eine selbst gewählte Herausforderung.

1.3 Bewegungsintelligenz

Die Erzieherinnen hindern Laura nicht daran, ihre Kräfte zu erproben. Sie kennen das Mädchen seit mehr als zwei Jahren. Laura hatte in dieser Krippe die Möglichkeit, alle Bewegungen – Sitzen, Gehen, Stehen – aus eigener Kraft und im eigenen Tempo zu lernen. Die Erwachsenen wissen aus Erfahrung, mit welcher Begeisterung und Körperbeherrschung Laura springt und klettert. Das Kind kennt seine Grenzen genau. Und die eigenen Grenzen zu erkennen und zu überschreiten, ist ein Merkmal hoch entwickelter menschlicher Intelligenz.

LAURA

NICO SCHLEPPT SEINEN ROLLER

Kein Erwachsener würde auf die Idee kommen, von einem Kind so etwas zu verlangen: Anstatt „schön“ zu spielen oder „ordentlich“ zu rollern, schleppt der zweieinhalbjährige Nico seinen Roller auf der Schulter und schiebt gleichzeitig eine Schubkarre.

1.4 Bewegungsintelligenz

Was hat Nico vor? Versucht er einen Weg zu „sparen“ und beide Gegenstände auf einmal zu transportieren? Bringt er „Seins“ in Sicherheit? Oder will er einfach nur ausprobieren, wie viele Dinge er gleichzeitig fortbewegen kann?

Nico erprobt seine Grenzen. Es gelingt ihm, den Roller über die Schulter gehängt und mit dem Kopf gestützt, zu balancieren. Dabei hält er gleichzeitig die Schubkarre in der richtigen Position und geht damit vorwärts. Eine hochkomplexe Bewegungsaufgabe, die die Koordination aller Muskeln und Sinne verlangt. Nur Nico selbst kann sich solchen Aufgaben stellen.

NICO

MARISA SPRINGT

Die fünfjährige Marisa auf dem großen Trampolin. Das Mädchen katapultiert sich in die Höhe, lässt sich zurückfallen und steuert die Bewegung mit den Armen – eine höchst lustvolle Aktivität. Die Freude daran steht ihr ins Gesicht geschrieben. Das große Trampolin im Außengelände des Kindergartens ist im Frühjahr, Sommer und Herbst jederzeit zugänglich. Wenn mehrere Kinder springen wollen, gelten Regeln: einmal bis Zwanzig zählen, dann ist der nächste dran.

1.5 Bewegungsintelligenz

Marisa hat selbst entschieden, sich auf dem Trampolin zu erproben. Niemand hat sie aufgefordert oder „motiviert“. Die Lust an der Bewegung ist Anreiz genug. Das Abheben vom federnden Grund, die kurzen Momente des Fliegens und Fallenlassens sind solange lustvoll, wie Marisa ihre Bewegungen steuern kann. Gelingt ihr das nicht, kann es unangenehm bis schmerzhaft werden. Diesen Grat zwischen angenehmer gesteuerter Bewegung und einem unlustvollen „Zuviel“ kann Marisa nur beim Springen herausfinden.

MARISA

Kinder, die ihre Grenzen im eigenen Rhythmus und Tempo erkunden können, sind vor Unfällen geschützt. Sie bewegen sich in der Regel vorsichtig tastend an diesen Grenzen und erweitern sie in einem allmählichen Prozess. Die größte Gefahr, so die Erkenntnis von Unfallkassen, geht von ehrgeizigen Erwachsenen aus, die Kinder zu Bewegungen und Leistungen anspornen, die diese aus eigenem Entschluss noch nicht wagen würden.

Im Kindergarten von Marisa sind die Erzieherinnen in Sicht- und Hörweite, doch sie greifen nicht ein, solange die Regeln eingehalten werden. In den fünf Jahren, in denen das Trampolin den Kindern frei zugänglich ist, hat es nur einen Unfall gegeben – in diesem Fall hatten die Kinder die Regeln missachtet.

Marisa erweitert und vertieft ihre Bewegungsintelligenz. Sie erlebt ihre eigene Kraft und übt sich darin, ihre Bewegungen gezielt zu steuern. Dabei entwickelt Marisa auch ihr Selbstbewusstsein.

MIT FAHRZEUGEN UNTERWEGS

Hendrik, Leo und Laszlo, alle um die drei Jahre alt, sind zu dritt mit einem „Zug“ unterwegs. Sie haben ihn selbst zusammengefügt: ein Dreirad mit Soziussitz, „Dreiradtaxi“ genannt, mit Anhänger. Dieser ist nur dadurch befestigt, dass Laszlo, der „Anhänger-Fahrer“, sich am Taxi festhält. Hendrik, der den Zug steuert, schaut sich in der Kurve nach dem Radfahrer um, der hinter ihm fährt.

1.6 Bewegungsintelligenz

Die drei Jungen fahren auf einem Rundweg, der am äußeren Rand des Freigeländes entlang führt. Diesen dürfen die Kinder jederzeit mit dem gesamten „Fuhrpark“, zu dem auch Fahr- und Laufräder sowie Autos gehören, nutzen. Der gepflasterte Fahrweg, 170 Meter lang, führt sowohl durch offenes Gelände als auch durch einen „Knick“ – im Sommer ein von Grün überwucherter Tunnel. Er hat Steigungen und Gefälle. Für die Drei- bis Sechsjährigen ein Endlosweg. Es gibt Kinder, die das Gelände bis zu 30 Mal an einem Vormittag umrunden und auf diese Weise etwa fünf Kilometer täglich zurücklegen.

Durch die Gestaltung des Außengeländes wird den Kindern viel Bewegungsraum eröffnet. Gleichzeitig wird viel großmotorische Bewegung – und der damit verbundene Geräuschpegel – an den Rand des Kindergartens verlagert.

HENDRIK, LEO UND LAZLO

Hendrik, Leo und Laszlo entwickeln ihre Bewegungsintelligenz zugleich mit ihrer sozialen Intelligenz. Für sich allein beherrscht jeder die Strecke „im Schlaf“. Gemeinsam „im Zug“ zu fahren haben sie sich als neue Herausforderung gestellt. Drei Kinder zu transportieren braucht mehr Kraft, einen „Zug“ zu lenken größere Aufmerksamkeit. Hendrik, Leo und Laszlo erweitern auf diese Weise ihre Grenzen. Sie trainieren ihre Groß- und Feinmotorik, ihre Sinneswahrnehmung sowie ihre soziale Intelligenz aus eigenem Entschluss. Kein Trainings- oder Lernprogramm ist in der Lage, Vergleichbares zu leisten.

>>

MIT FAHRZEUGEN UNTERWEGS

Hendrik konzentriert seine Aufmerksamkeit auf die abschüssige Fahrbahn, wo rechts und links Hindernisse liegen. Der Dreijährige lenkt seinen Zug vorsichtig hindurch. Leo, hinter ihm, beobachtet den Abstand zwischen Fahrzeug und Hindernis. Vermutlich gibt er Rückmeldung, ob das Rangiermanöver gelingt.

MIT FAHRZEUGEN UNTERWEGS

Als der Engpass gemeistert ist, lehnt Hendrik sich zurück. Er verschränkt seine Arme auf dem Rücken und fährt freihändig weiter. Seinen Zug lenkt er jetzt nur mit den Füßen und blickt entspannt in die Ferne.

JOSHUA BAUT EIN FLUGZEUG

Der sechsjährige Joshua nagelt Leisten zusammen. Er baut ein Flugzeug. Im Kindergarten sind ihm Werkbank und Material jederzeit zugänglich.

Gerade hat er mehrere Leisten der Länge nach aneinander befestigt und versucht nun, eine helle Leiste quer auf einer dunklen anzubringen. Seine ersten Versuche, die Leiste festzunageln, misslingen. Joshua kann die Nägel nicht gerade ins Holz treiben.

1.7 Bewegungsintelligenz

JOSHUA

Mit vier Jahren hat Joshua seinen „Werkbank-Führerschein“ gemacht: Nach und nach, wann immer er Interesse zeigte, mit Holz und Werkzeug zu arbeiten, hat ihn eine Erzieherin in den Gebrauch der verschiedenen Gegenstände eingeführt und dabei auf Gefahren von Hammer, Säge, Zange, Feile und Handbohrer hingewiesen. Als Joshua genügend Sicherheit im Umgang damit erworben hatte, wurde ihm dies auf seinem „Führerschein“ mit Stempel und Unterschrift bescheinigt. Damit hat er das Recht erworben, selbstständig an der Werkbank zu arbeiten. Joshua macht eigene Pläne und setzt sie um.

Seine Bewegungsintelligenz ist soweit entwickelt, dass er Werkzeug und Material gezielt nutzen kann, um seine Pläne zu verwirklichen. Er verfügt über genügend Erfahrung, um sich von Fehlversuchen nicht entmutigen zu lassen. Sie sind ihm Ansporn, seine Strategie zu ändern und es auf andere Weise zu versuchen. Dabei findet er das richtige Gleichgewicht zwischen Fein- und Großmotorik. Er arbeitet mit dem Hammer, ohne sich zu verletzen.

Bewegungsintelligenz baut sich auf durch Bewegung. Weil Joshua seit seinem vierten Lebensjahr die Möglichkeit hatte, mit Werkzeug umzugehen, ist er jetzt in der Lage, an der Werkbank „sein Ding zu machen“.

JOSHUA BAUT EIN FLUGZEUG

Joshua versucht, sie mit der Zange wieder herauszuziehen, entscheidet sich dann aber, sie mit Wucht vollends krumm zu schlagen. Sein Gesicht spiegelt dabei großen Ernst und hohe Konzentration. Der Sechsjährige lässt sich nicht entmutigen, er hält an seinem Plan fest. Er versucht, die Leiste anzuleimen – Spuren davon finden sich an seinen Fingern und auf der dunklen Leiste. Dann versucht Joshua erneut zu hämmern. Mit Daumen und Mittelfinger seiner Linken fixiert er die Leiste an der vorgesehenen Stelle. Den Zeigefinger spreizt er ab, um sich nicht zu verletzen. Mit Ringfinger und kleinem Finger, die auf der Werkbank aufliegen, balanciert er die Bewegung aus.

2.0 Metabolische Intelligenz

Jedes gesunde Kind kommt mit der Fähigkeit auf die Welt zu wissen, wann es satt und wann es hungrig ist. Vom ersten Lebenstag an kann es eindeutige Signale senden, ob es essen will oder nicht. Das braucht es nicht zu lernen. Diese Intelligenz ist schon beim Neugeborenen vollständig entwickelt. Es sind die Erwachsenen, die lernen müssen, die oftmals subtilen kindlichen Signale zu entschlüsseln. Selbstbestimmung beginnt beim Essen am ersten Lebenstag. Achtung vor der Integrität des Individuums bedeutet, den jungen Menschen selbst entscheiden zu lassen, ob er noch mehr essen will, oder ob es „genug" ist.

Aus Unwissenheit über diese bereits vom ersten Lebenstag an entwickelte metabolische Intelligenz setzen sich die Erwachsenen oftmals über die Signale des Kindes hinweg. Doch damit zerstören sie seine gesunde Selbstwahrnehmung für die eigenen körperlichen Bedürfnisse.

Sobald ein Kind zielgerichtet greifen kann, interessiert es sich für Flasche, Löffel und Becher und greift danach. Wird diesen Impulsen Raum gegeben und dem Kind aktives Mitwirken beim Trinken und Essen ermöglicht, wird es in seiner Kompetenz unterstützt, Verantwortung für sich selbst und für sein Wohlbefinden zu übernehmen. Metabolische Intelligenz kann sich auf diese Weise entwickeln, ausdifferenzieren und verfeinern. Aus der einfachen Unterscheidung zwischen „hungrig" und „satt" wird die Kompetenz, aus einem Angebot von Speisen das auszuwählen, was man braucht und was einem gut tut. Mit metabolischer Intelligenz werden so auch Fähigkeiten und Verhaltensweisen bezeichnet, die in unserer Kultur mit dem Essen verbunden sind.

Metabolismus bedeutet Stoffwechsel: Nahrungsaufnahme, Atmung, Verdauung.

Mit metabolischer Intelligenz sind alle Funktionen und Verhaltensweisen gemeint, die damit im Zusammenhang stehen. Der Stoffwechsel des Menschen wird gesteuert vom Retikulärsystem, dem „untersten", einfachsten und evolutionär ältesten Teil seines Gehirns. Der Saugreflex gehört zur archaischen Überlebensausstattung aller Säugetiere. Auch jeder Mensch wird damit geboren.

LEA BEDIENT SICH

Die 18 Monate alte Lea sitzt aufrecht am Tisch. Vor ihr steht ein Teller, der durch eine rutschfeste Unterlage gesichert ist. Lea bedient sich von dem, was ihr angeboten wird. Ihre Fähigkeit, zielgerichtet nach dem zu greifen, was sie haben will, ist vollkommen entwickelt. Dennoch braucht sie ihre ganze Konzentration. Mit der linken Hand, die auf dem Tisch liegt, balanciert sie ihre Bewegung aus.

2.1 Metabolische Intelligenz

Für das Essen ist in Leas Krippe alles so vorbereitet, dass ein anderthalb-jähriges Kind entspannt selbstständig essen kann. Ein Lätzchen schützt Leas Kleidung. Sie selbst entscheidet, was und wie viel sie isst. Auch ob sie satt ist, kann sie völlig klar äußern, obwohl sie noch nicht spricht. Entweder lässt sie dann etwas auf ihrem Teller liegen oder sie hört auf, sich zu bedienen.

LEA

Selbstbestimmung beim Essen ist durch Organisation der Mahlzeit in jeder Einrichtung mit einfachen Mitteln herstellbar. Selbstbestimmtes Essen ist für die Intelligenz- und Kompetenzentwicklung von zentraler Bedeutung. Salutogenese beginnt beim Essen – der Begriff Salutogenese wurde von dem Medizinsoziologen Aaron Antonovsky entwickelt und bedeutet „Entstehung von Gesundheit“. Damit kritisiert Antonovsky das biomedizinische Krankheitsmodell und fordert von Wissenschaft und Medizin, den Blick auf die Bedingungen für die Entstehung von Gesundheit zu richten, statt Symptome von Krankheit zu bekämpfen.

ESSKULTUR IN DER KRIPPE

Finn, zweieinhalb Jahre alt, bedient sich. Die Kuchenstücke sind so geschnitten, dass ein Kind seines Alters sie bequem greifen und essen kann. Finn nimmt sich ein Stück Kuchen, um es auf seinen Teller zu legen. Er ist mit voller Konzentration bei der Sache. Das zeigt sein leicht geöffneter Mund mit angespannter Zungenspitze. Seinen linken Arm stützt er auf den Tisch, die linke Hand berührt den Teller. Die Finger sind leicht gespreizt. Damit balanciert Finn die zielgerichtete Bewegung aus, mit der er sich das Stück Kuchen nimmt. Sein ganzer Oberkörper arbeitet, damit diese Bewegung und die soziale Handlung gelingen.

2.2 Metabolische Intelligenz

JULIA, FINN UND SAMIRA

Julia, Finn und Samira sitzen entspannt am Tisch. Jedes Kind hat einen Teller und ein Glas vor sich. Kerzen und Kuchen weisen auf eine besondere Gelegenheit hin, vielleicht auf einen Geburtstag.

Die zweijährige Julia beobachtet das Geschehen aufmerksam und entspannt. Weil sie im selbstständigen Essen noch weniger geübt ist, trägt sie ein Lätzchen. Sie isst. Auf ihrem Teller liegt noch Kuchen. Sie macht keinen Versuch, sich ebenfalls zu bedienen. Offenbar ist sie sicher, dass sie mehr bekommen kann, wenn sie will.

Die 32 Monate alte Samira ist schon satt. Darauf deuten die Krümel auf ihrem Teller und ihr fast leeres Glas. Der Kuchen in ihrer Reichweite interessiert sie nicht. Sie komm uniziert intensiv und voller Freude. Die Mahlzeit ist für sie jetzt ein soziales Ereignis, das sie entspannt zusammen mit den anderen Kindern genießt.

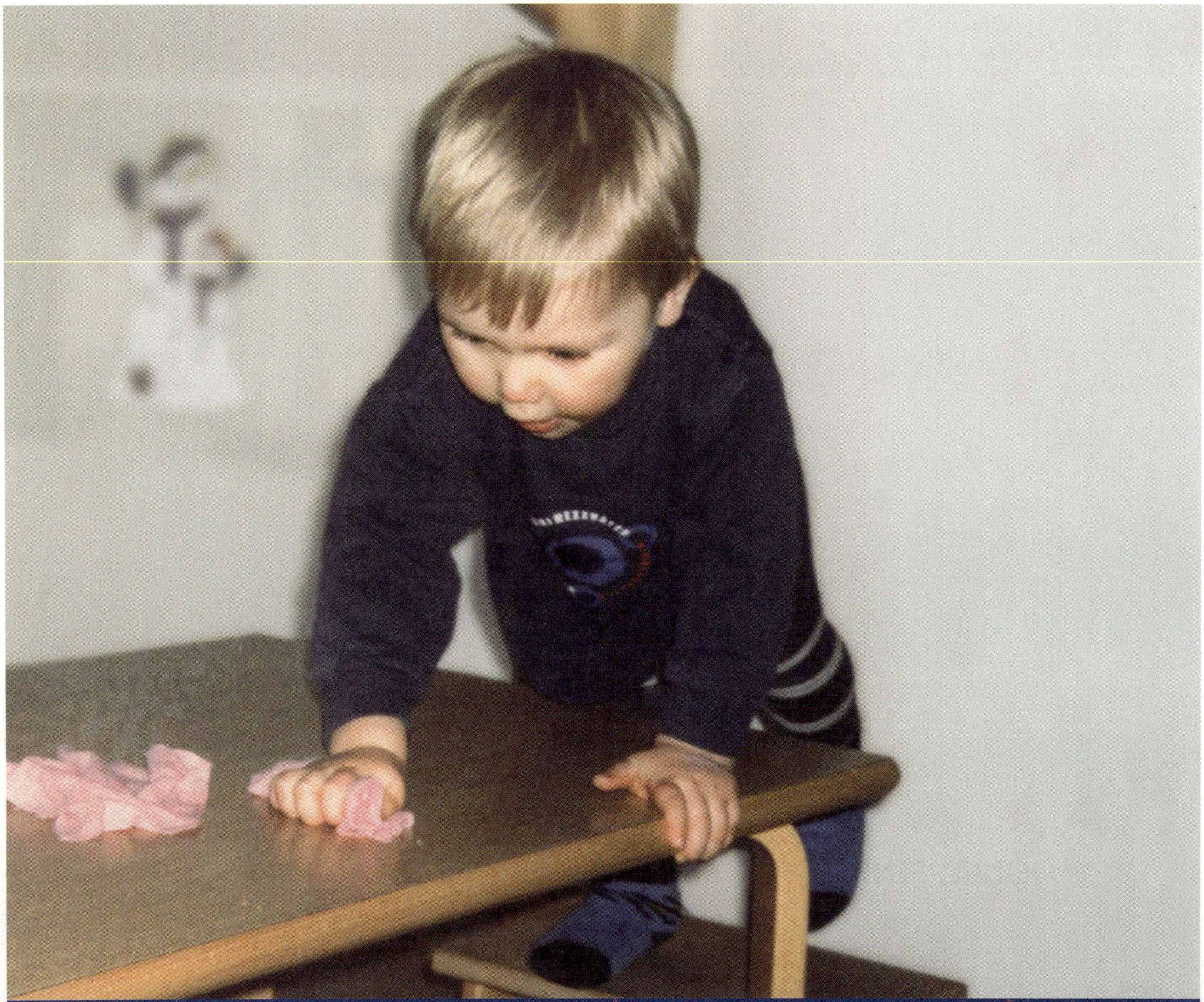

MAX WISCHT DEN TISCH AB

Max, 20 Monate, wischt den Tisch ab. Er ahmt nach, was er bei den Erwachsenen oft beobachtet hat. Max ist auf den Hocker gestiegen, auf dem er zuvor beim Essen gesessen hat. Er balanciert auf einem Bein und beugt sich weit über den Tisch. Mit der linken Hand stützt er sich ab, in der Rechten hält er das Tuch, mit dem er die Tischplatte bearbeitet. Er ist mit voller Konzentration und großem Ernst bei seiner selbst gestellten Aufgabe.

2.3 Metabolische Intelligenz

Niemand hat von ihm verlangt, den Tisch abzuwischen. Max tut dies aus eigenem Entschluss. Er hat sich den Lappen genommen und angefangen. Dass ein sauberer Lappen bereit lag und ihn niemand an seinem Tun hindert, ist jedoch kein Zufall. In der Krippe von Max werden die Kinder in ihrem Drang, die Erwachsenen nachzuahmen, unterstützt. Deswegen wird Max auch nicht zur Ordnung gerufen, obwohl er bei seinem Bemühen fast auf den Tisch steigt. Die Erzieherinnen kennen ihn und wissen, wie sicher er in seiner Motorik ist. Für ihn besteht keine Gefahr.

Max koordiniert seine Bewegungen und seine Sinne in der komplexen Aufgabe, die er sich selbst gestellt hat. Niemand verlangt von ihm, „ordentlich den Tisch abzuwischen“. Doch sein Impuls, eine soziale Handlung zu imitieren, wird von den Erzieherinnen als wertvolle Lernmöglichkeit erkannt und unterstützt. Indem Max eine einfache Alltagshandlung nachahmt, baut er motorische, sensorische und soziale Intelligenz auf.

MAX

FRÜHSTÜCKSBÜFFET IM KINDERGARTEN

Die vierjährige Jana gießt sich Apfelsaft aus einer Glaskaraffe ein. Sie ist konzentriert bei der Sache und beherrscht den Vorgang schon gut. Im Hintergrund ist die gleichaltrige Miriam, die sorgsam ihr gefülltes Glas in beiden Händen hält.

2.4 Metabolische Intelligenz

Das Auge isst mit. Das Essen wird so angeboten, dass es zum Zugreifen einlädt. Die Portionen sind handlich für Kinder. Geschirr und Besteck sind echt. Die Kinder versuchen sie so zu gebrauchen, wie sie das bei Erwachsenen beobachtet haben.

An diesem Frühstücksbüffet im Kindergarten finden täglich zahlreiche komplexe Lernprozesse statt. Die Kinder lernen selbstständig und selbstbestimmt zu essen. Dazu müssen sie zahlreiche Entscheidungen treffen. Die nimmt ihnen niemand ab. Keiner sagt ihnen, was und wie viel sie essen sollen. Während die Kinder sich am Frühstücksbüffet bedienen, üben sie sich in zahlreichen motorischen Fähigkeiten bis zu dem Niveau, das in unserer Kultur für dieses soziale Handeln erwünscht ist. In der täglichen Wiederholung, motiviert durch das natürliche Bedürfnis, den Hunger zu stillen, trainieren die Kinder nicht nur ihre motorische Intelligenz, sondern auch ihre soziale: warten, bis man dran ist, und sich nur soviel nehmen, wie man essen will.

Die Kinder erleben, dass individuelle Bedürfnisbefriedigung in einem sozialen Kontext stattfindet. Sie lernen, durch ein körperliches Bedürfnis von innen gesteuert sozial zu handeln. Die Leistung der Erzieherinnen besteht darin, diese Lernsituation im Alltag herzustellen und dafür zu sorgen, dass die Kinder entspannt selbstständig handeln können. So wird Kindern täglich Gelegenheit gegeben, in ihre Kultur einzuschwingen.

JANA, LENI UND NELE

>>

FRÜHSTÜCKSBÜFFET IM KINDERGARTEN

Die dreieinhalbjährige Leni bereitet sich ihr Frühstück selbst zu. Sie kann zwischen zahlreichen Speisen wählen und entscheiden, worauf sie heute Appetit hat.

Leni streicht Marmelade auf ihr Knäckebrot. So wie sie das Messer in ihrer linken Hand hält, würde das kein Erwachsener tun. Dennoch ist Leni erfolgreich. Sie ist ganz auf ihr Tun konzentriert. Niemand drängt sie, schnell fertig zu werden oder korrigiert sie, es „richtig" zu machen. Leni darf sich Zeit lassen. Sie darf selbst herausfinden, wie man am effektivsten ein Marmeladenbrot schmiert. Sie hat täglich Gelegenheit, größere Kinder und Erwachsene dabei zu beobachten und versucht, es ihnen gleich zu tun. Irgendwann hat sie „den Bogen raus". Niemand muss es ihr beibringen.

FRÜHSTÜCKSBÜFFET IM KINDERGARTEN

Nele – nur ihre Hände und Unterarme sind auf dem Bild zu sehen – belegt ihr Brot mit Ei. Sie mag es herzhaft zum Frühstück. Neben ihr steht Anna, ihre Freundin. Von ihr sind nur die übereinander gelegten Hände im Bild. Sie kann offenbar ruhig abwarten. Oder ist sie schon satt und steht hier nur, um zu „quatschen“?

FÜNF KINDER BEIM ESSEN

Der vierjährige Felix lächelt gewinnend seiner Tischnachbarin zu. Ihn scheint das Thema zu amüsieren.

Die gleichaltrige Hanna, im Hintergrund stehend, wischt mit einem Handtuch den Tisch ab. Ist es Routine oder wird hier ein außerplanmäßiges Malheur beseitigt? Kommentiert Hanna ihr Tun oder ist sie in der Lage, gleichzeitig den Tisch abzuwischen und lautstark vom letzten Wochenende zu erzählen? Deutlich wird, dass sie Verantwortung für die Sauberkeit ihres Essplatzes übernimmt.

2.5 Metabolische Intelligenz

Fünf Kinder um einen Tisch: Vier verzehren ihr Frühstück, das sie sich zuvor selbst zubereitet haben. Alle kommunizieren intensiv. Sie können gleichzeitig essen, sprechen und zuhören.

Erwachsene sitzen nicht mit am Tisch. Sie sind anwesend und ansprechbar, doch ihr Eingreifen ist hier nicht notwendig. Die Kinder sorgen für sich und übernehmen Verantwortung für sich selbst und für andere. Die Erzieherinnen lassen dies zu. Durch die Art und Weise, wie das Essen angeboten wird – darin steckt sehr viel Überlegung, Vorbereitung und Koordination –, ermöglichen sie den Kindern, sich metabolische und soziale Intelligenz selbstständig zu erarbeiten.

FÜNF KINDER BEIM ESSEN

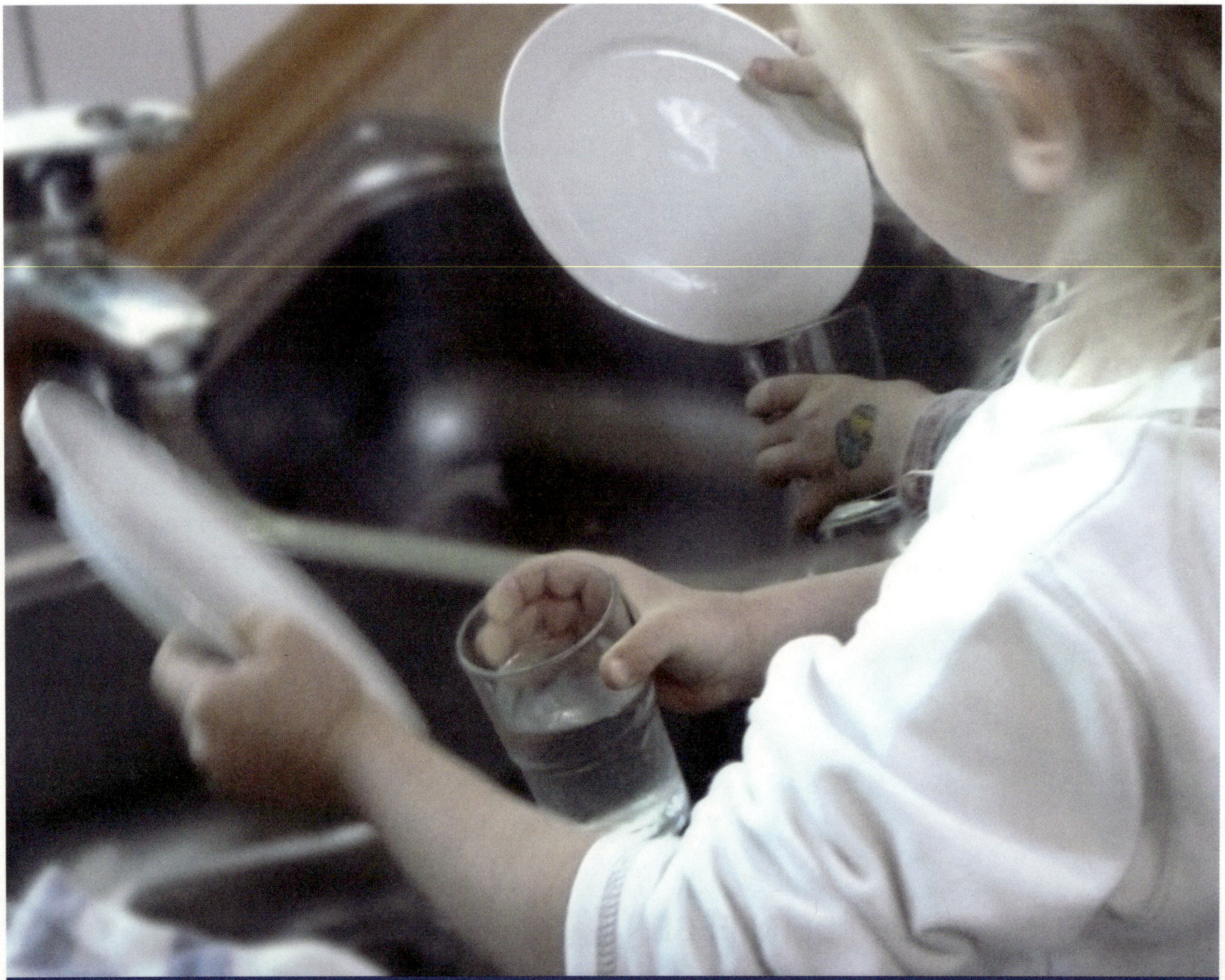

RONJA UND LISA WASCHEN AB

Ronja und Lisa, drei und vier Jahre alt, waschen ab. Beide haben je einen Teller und ein Glas in der Hand. Sie schütten Wasser von einem Gefäß ins andere und sammeln dabei Erfahrung mit der unterschiedlichen Beschaffenheit dieser Dinge. Sie hantieren mit Wasser, Schwamm, Spülmittel und Handtuch.

2.6 Metabolische Intelligenz

In der Kindertageseinrichtung von Ronja und Lisa wird den Kindern zugemutet, nach dem Essen ihr Geschirr selbst abzuwaschen und abzutrocknen. Kinder dieses Alters sind gern mit Wasser aktiv. Die Arbeit der Erwachsenen nachzuahmen ist für sie hochinteressant. Das Abwaschen ist für die meisten Kinder eine willkommene Gelegenheit, Erfahrungen im Umgang mit Wasser und Gefäßen zu sammeln. Sie können sich lange Zeit darin vertiefen. Kinder arbeiten noch weniger zielorientiert und „effektiv" als Erwachsene. Sie sind am Prozess selbst und den Qualitäten der Dinge interessiert. Abwaschen ist für die Kinder ein Spiel.
Dass das Abwaschen auch einen Zweck hat, merken jüngere Kinder oft erst daran, dass andere auch das Abwaschbecken benutzen wollen. Aufgabe der Erzieherinnen ist es, das Experimentierbedürfnis jüngerer Kinder zu erkennen und ihnen Gelegenheit zu geben, ihr Spiel mit Wasser, Schaum und Gefäßen an anderem Ort fortzusetzen.

RONJA UND LISA

Zu Hause sind solche Lernsituationen vielfach wegrationalisiert: Das Spülen erledigt die Maschine, die Küchenausstattung ist nicht kindgerecht. Der Zeitdruck, unter dem berufstätige Eltern stehen, erlaubt oftmals nicht, ihren Kindern solche Erfahrungen zu ermöglichen.

In einer Kindertageseinrichtung ist dies möglich, sofern das Team bereit ist, für das Herstellen der Lernsituation zu sorgen. In dem einfachen Alltagshandeln „Abwaschen & Abtrocknen" stecken zahlreiche Möglichkeiten zu komplexen Lernprozessen: Das Kind übt seine Motorik und seine Sinneskoordination. Es experimentiert mit Wasser und Gefäßen und trainiert dabei, den Zweck des Tuns nicht aus den Augen zu verlieren. Es kann die Folgen seines Handelns unmittelbar wahrnehmen und dafür Verantwortung übernehmen. Sauberes Geschirr wird am Büffet gebraucht, andere Kinder wollen ebenfalls frühstücken. Mit der Zeit lernen Kinder, dies wahrzunehmen und sich darauf einzustellen. Sie kooperieren und bauen soziale Intelligenz auf.

Ist ein Kindergartenkind mit Abwaschen nicht überfordert? Einen großen Berg Geschirr abzuwaschen, wäre sicherlich zu viel verlangt. Doch für das eigene benutzte Geschirr zu sorgen, damit andere auch essen können, ist in der Kindertageseinrichtung von Ronja und Lisa die Regel. Sie gilt für Erwachsene wie für Kinder. Im Vorschulalter sind die Kinder bereit, in die Kultur einzuschwingen. Sie ahmen Regeln, die sie erkannt haben, nach. Erst später fangen sie an, mit den Regeln zu spielen und zu experimentieren und sie in Frage zu stellen. Das ist Teil des notwendigen Lernprozesses zum Aufbau sozialer Intelligenz. Für die Einhaltung hygienischer Standards zu sorgen – frisches Abwaschwasser und saubere, trockene Handtücher – ist Aufgabe der Erwachsenen.

JAN UND ERIC KOCHEN

Jan und Eric kochen. Das Rezept ist an der Wand aufgemalt, deswegen können die Kinder es verstehen. Sie können die Bildsymbole mit den realen Gegenständen und Handlungen in Verbindung bringen. Zahlen sind dem Sechsjährigen schon geläufig.

Jan und Eric bereiten Apfelpfannkuchen zu, die sie am Ende auch essen werden. Ein höchst erfreuliches Ziel ihres gemeinsamen, zielgerichteten Tuns. Der Lernprozess selbst bringt die Belohnung hervor.

2.7 Metabolische Intelligenz

JAN UND ERIC

Im Kindergarten von Jan und Eric ist dafür Raum. Eine Küche ist extra für Vorschulkinder eingerichtet. Die Kinder handeln selbstständig und selbstbestimmt. Sie haben sich für das Kochen entschieden und steuern den ganzen Prozess von Anfang bis Ende. Alles ist von den Erzieherinnen so vorbereitet, dass die Kinder keine weitere Hilfe von Erwachsenen benötigen. Diese sind in Sicht- und Hörweite, brauchen hier aber nicht einzugreifen. Ihre Arbeit haben sie vorher getan: das Rezept auswählen, es altersgemäß, d.h. in Bildsymbolen, darstellen und dafür sorgen, dass die notwendigen Zutaten und Geräte in der Küche sind. Die Raumaufteilung und die verabredeten Regeln sorgen dafür, dass die Kinder ungestört sind. Der selbst gesteuerte Lernprozess braucht einen geschützten Raum.

Was lernen die Kinder beim Kochen? Den Umgang mit Mengen, Flüssigkeiten und Stoffen; sie lernen, wie sich die Dinge verändern, wenn man sie vermischt oder erhitzt. Sie trainieren eine feinere Koordination ihrer Bewegungen. Jan und Eric kooperieren in einem komplexen Prozess: Sie stimmen sich ab und sprechen miteinander über das, was sie tun. Sie üben sich in ihrer Selbstkompetenz. Für sich selbst zu sorgen heißt, für die eigene Ernährung und das eigene Wohlbefinden Verantwortung zu übernehmen. Kochen ist eine komplexe Tätigkeit. Sicher ist, dass Jan und Eric auch die Chance haben, ihre soziale Rolle neu zu definieren: „Mann“ in der Küche kann für diese Jungen selbstverständlich werden.

3.0 Körper- und Sinnesintelligenz

Der Körper ist die älteste Form der Intelligenz.

Beim Embryo entwickelt sich das Herz vor dem Gehirn. Bereits eine einfache Zelle besitzt die Fähigkeit, zu unterscheiden, was gut für sie ist und was nicht. Sie verfügt über eine durchlässige Membran, über die sie aufnimmt, was sie braucht, d.h. ihre Nahrung, und über die sie ausscheidet, was sie nicht mehr braucht. Diese grundlegende Fähigkeit mit der Umgebung in Kontakt zu treten und zu unterscheiden, was dem eigenen Lebensprozess dient und was ihm schadet, ist das Kennzeichen jedes lebendigen Organismus. „Verstand ohne Gehirn“ nannte der Neurowissenschaftler Hoimar von Ditfurth diese Grundintelligenz des Lebens.

Was für die einzelne Zelle gilt, gilt umso mehr für den hochkomplexen „Zellverband“ Mensch. Die Membrane des Menschen sind seine Haut, seine Sinne, seine Lungen und seine Verdauungsorgane. Haut, Lungen und Verdauung werden vom Retikulärsystem gesteuert. Auf dieser Grundlage entwickeln sich sämtliche „höhere“ Intelligenzen des Menschen. Weil Größe und Komplexität des menschlichen Gehirns lange Entwicklungszeiten außerhalb der Gebärmutter notwendig machen, kommt der menschliche Nachwuchs körperlich hochgradig unreif auf die Welt. Er braucht lange Jahre intensiver Zuwendung, d.h. körperliche und emotionale Pflege, um zu reifen und sich gesund zu entwickeln. Ohne Zuwendung und Pflege hat der junge Mensch keine Überlebensmöglichkeit. Die Entwicklung der Körper- und Gefühlsintelligenz ist nur in der Beziehung zu einem erwachsenen Menschen möglich. Körperpflege ist daher immer auch Beziehungspflege. Die Fähigkeit zur Kooperation beginnt auf dem Wickeltisch.

Jede gelungene Beziehung setzt eine gute Beziehung zu sich selbst voraus. Diese beginnt beim Körper. Eine Beziehung zu sich selbst entwickelt jedes Kind, in dem es seinen Körper wahrnimmt, kennen lernt und die Sorge dafür nach und nach selbst übernimmt. Insofern bedeutet die Körperpflege, die das Kleinkind von dem ihm zugewandten Erwachsenen erhält, sehr viel mehr als Hygiene. Sie ermöglicht den Aufbau von Selbstkompetenz und Beziehungsintelligenz.

Deswegen ist das Wickeln in der Krippe keineswegs Nebensache, die schnell erledigt wird. Selbst wenn der einzelne Vorgang jeweils nur etwa sechs Minuten dauert, so ist doch diese Arbeit für die Erzieherinnen von zentraler Bedeutung. Es geht um den Aufbau von Körperintelligenz, Selbstkompetenz, emotionaler Intelligenz und Beziehungsfähigkeit. Aus diesem Grund wird dem Wickeln sehr viel Aufmerksamkeit gewidmet und die Organisation des Krippenalltags darauf abgestimmt.

JUSTIN BEIM ANZIEHEN

Justin, etwa ein Jahr alt, kommuniziert mit seiner Erzieherin. Er ist mit ihr auf Augenhöhe. Kind und Erzieherin sind einander zugewandt, wie in einem intensiven Gespräch. Justins Gesicht drückt Freude aus. Sein Mund ist leicht geöffnet. Er hat etwas Wichtiges mitzuteilen. Justin kommuniziert mit seinem Körper. Er steht aufrecht und stützt sich mit beiden Händen auf das kleine Gitter, mit dem der Wickelplatz gesichert ist. Obwohl Justin nur auf einem Bein steht, hat er auf diese Weise sicheren Stand.

3.1 Körper- und Sinnesintelligenz

Justin kooperiert beim Anziehen. Seine Erzieherin hält die Strumpfhose bereit und bittet ihn, ihr seinen Fuß zu reichen, damit sie ihm das Kleidungsstück überstreifen kann. Justin kommt der Bitte nach, indem er das tut, worum er gebeten wurde. Er kommuniziert nonverbal, auf der Körperebene. Das Anziehen ist ihm vertraut, es ist eine täglich wiederkehrende Situation.

Justin kooperiert gern. Er weiß, was zu tun ist. Es gibt für ihn keinen Grund, es nicht zu tun. Der Ankleideplatz ist so eingerichtet, dass Justin sich mit seinen schon entwickelten Kompetenzen anerkannt und ernst genommen fühlt. Der Junge kann bereits stehen und gehen und erlebt die Welt aus der aufrechten Perspektive. Es gibt keine Notwendigkeit, ein Kind seines Alters für das Windelwechseln und die Körperpflege in eine liegende Position zu bringen. Im Gegenteil: Dies würde bedeuten, Justins bereits entwickelte Fähigkeiten außer Acht zu lassen.

JUSTIN

Das täglich mehrfach wiederholte Windelwechseln wird von der Erzieherin so gestaltet, dass sich das Kind in seiner Kompetenz wahr- und ernst genommen fühlt. Justins Beitrag ist wichtig und erwünscht. Körperpflege und Ankleiden sind für die Erzieherin kein mechanisches Tun. Es ist ein Moment intensiver Pflege ihrer Beziehung zu Justin und der Kooperation mit ihm. Justin kooperiert auf der Körperebene, längst bevor er sprechen kann. Das Kind entwickelt auf diese Weise Beziehungsintelligenz.

LAURA UND DANIEL ERPROBEN WASSER

Laura und Daniel, beide gut ein Jahr alt, stehen am Spielgitter, mit dem bei geöffneter Tür der Schlafraum von der Terrasse getrennt wird. Draußen, jedoch in Reichweite der Kinder, befinden sich zwei Schüsseln, die zur Hälfte mit Wasser gefüllt sind. Daniel hat einen Fuß durch das Spielgitter gesteckt und ins Wasser eingetaucht, Laura zieht ihren gerade daraus zurück.

3.2 Körper- und Sinnesintelligenz

LAURA UND DANIEL

Es ist Hochsommer, die Kinder sind leicht bekleidet und barfuss. Das Wasser ist für die Kinder erreichbar, doch sicher hinter dem Spielgitter. Auf diese Weise sind Laura und Daniel geschützt und können selbstständig, ohne das Eingreifen von Erwachsen, Erfahrungen mit Wasser sammeln. Die Erzieherin hat sich einem weiteren Kind zugewandt, in Sicht- und Hörweite von Laura und Daniel. Sie bildet für die Kinder die sichere Beziehungsbasis – eine Grundbedingung dafür, dass die beiden die Umgebung erkunden können. Mit Mund und Händen haben Daniel und Laura das Element Wasser vermutlich schon erkundet. Jetzt erproben sie es mit den Füßen. Sie halten sich am Gitter fest und balancieren ihr Gleichgewicht aus. Kleinkinder lernen mit ihren Sinnen: Sie erleben mit der Haut, wie sich das Wasser anfühlt. Sie sehen das Element und nutzen ihren Sehsinn, um damit in Kontakt zu kommen. Die Kinder hören die Geräusche, die sie hervorrufen, wenn sie mit dem Fuß im Wasser plantschen und gebrauchen ihren Gleichgewichtssinn, um nur auf einem Bein stehend, das Wasser zu erkunden. Aus der Fülle von Sinneseindrücken, durch vielfache Wiederholung und Variation, entwickeln die Kinder nach und nach auf der Erfahrungsebene Begriffe von den Qualitäten ihrer Umgebung.

Die Bewegungs- und Sinnesintelligenz von Laura und Daniel vertieft und verfeinert sich ebenso, wie ihre Fähigkeit zur Sinnes- und Bewegungskoordination. Auf diese Weise werden die Kinder zu immer komplexeren zielgerichteten Handlungen fähig. Der Intelligenzaufbau geschieht in einem selbstgesteuerten Lernprozess. Das Erleben neuer Erfahrungen ist Ziel, Ergebnis, Motivation und Ansporn zugleich.

Lern- und Bildungsprozesse von Kleinkindern zu organisieren ist weder aufwändig noch kostspielig. Grundlage ist profundes Wissen der Erziehenden über die kindlichen Entwicklungsbedürfnisse. Weitere Bedingungen sind Phantasie und Handlungsspielräume, um die passenden Spiel- und Experimentiermöglichkeiten im Alltag herzustellen.

MAJA ZIEHT SCHUHE UND STRÜMPFE AUS

Die zweieinhalbjährige Maja zieht sich Schuhe und Strümpfe aus. Es ist ihr gelungen, die Schnalle des Schuhs zu öffnen, ihre feinmotorische Kompetenz ist bereits weit genug entwickelt. Während sie sich den Schuh abstreift, sitzt sie aufrecht ohne sich anzulehnen. Ihr Gleichgewicht balanciert sie mit dem Körper aus. Ihr Gesicht drückt große Zufriedenheit aus, als sie den zweiten Schuh in der Hand hält. Sie hat ihre selbst gestellte Aufgabe gelöst. Maja braucht weder Lob noch Bestätigung. Sie hat ihr Ziel erreicht und kann jetzt barfuss laufen.

3.3 Körper- und Sinnesintelligenz

MAJA

Es ist einer der ersten heißen Frühsommertage, Maja hat Lust auf Barfußlaufen. Das ist in ihrer Kindertageseinrichtung erlaubt. Mit den Fußsohlen den Boden spüren ist für Kinder meist eine angenehme Erfahrung. Maja kann jederzeit um Hilfe bitten. Doch sie will sich lieber allein die Schuhe ausziehen.

Unzählige Male hat sie beim An- und Ausziehen von Schuhen und Strümpfen kooperiert. Jetzt meistert sie dies allein.

Das Mädchen ist konzentriert bei der Sache. Niemand drängt sie. Niemand greift ein. Maja wird gelassen. Für den außen stehenden Beobachter könnte es aussehen, als täte die Erzieherin „nichts" und säße „einfach nur rum". Das Gegenteil ist der Fall. Es erfordert viel Wissen und Erfahrung zu erkennen, wann ein Kind bei einer selbst gestellten Aufgabe in Ruhe gelassen werden will, um sie aus eigener Kraft zu lösen. Jedes Eingreifen, Korrigieren oder Zeigen bedeutet eine Störung im Aufbau der Selbstkompetenz des Kindes.

Solche Lernsituationen sind nicht planbar. Sie entstehen im konkreten Alltag und aus den Bedürfnissen des Kindes. Hier zeigt sich die Kompetenz der Erzieherin durch Nicht-Eingreifen, damit das Kind sich in Ruhe seiner selbst gestellten Aufgabe widmen kann.

SIMON KLETTERT AUF DEN WICKELPLATZ

Simons motorische Fähigkeiten sind schon so gut entwickelt, dass er aus eigener Kraft auf den Wickeltisch klettern kann. Seine Erzieherin hat ihm als „Treppe" einen runden Holzklotz hingestellt, der im Außengelände zum Spielen und Sitzen verwendet wird. Mit der linken Hand hält Simon sich an einem Gitterstab fest und erklimmt die für ihn riesige Stufe. Seine Erzieherin folgt mit wacher Präsenz seinem Tun. Sie ist bereit jederzeit einzugreifen, falls Simon seine selbst gestellte Aufgabe nicht bewältigen kann und in Gefahr wäre zu fallen.

3.4 Körper- und Sinnesintelligenz

Im Hochsommer spielen die Kinder der Krippe viel im Freien. Deswegen ist dort ein Wickelplatz aufgebaut, unter Bäumen im Schatten. Das ermöglicht stressfreies Arbeiten und Spielen. Die Erzieherinnen brauchen nicht ins Haus zu gehen, um die Kinder zu wickeln. Alles, was sie benötigen, befindet sich in ihrer Reichweite. Auf diese Weise können sie im Außengelände präsent sein, wo die Mehrzahl der Kinder spielt. Die Kinder können jederzeit Blick- und Rufkontakt mit den Erzieherinnen aufnehmen, die für sie die sichere Beziehungsbasis während der Abwesenheit der Eltern bilden. Die Präsenz der Erzieherinnen ist die Grundlage für das ungestörte freie Spiel der Kinder.

Der Wickelplatz ist an drei Seiten mit einem Gitter gesichert. Alle Kinder, die sich bereits aus eigener Kraft aufrichten können, werden grundsätzlich im Stehen gewickelt. Ihre Kompetenz wird respektiert. Sie werden ernst genommen als Menschen mit gleicher Würde. Während der Körperpflege ist das Kind auf Augenhöhe mit seiner Erzieherin.

SIMON

Die Erzieherin lässt Simon Zeit. Sie drängt ihn nicht. Das Wickeln ist in dieser Krippe der Moment, an dem ein Kind seine Bezugsperson, die ihm die emotionale Sicherheit gibt, ganz für sich allein hat. Simon steht jetzt an erster Stelle und erhält in dieser Situation alle Aufmerksamkeit und Zuwendung seiner Erzieherin.

Simon selbst hat zu verstehen gegeben, dass er lieber allein auf den Wickeltisch klettern möchte. Diesen Wunsch zu akzeptieren und ihm die Zeit zu lassen, sein Vorhaben auszuführen, bedeutet, Simon in seiner schon entwickelten Kompetenz ernst zu nehmen. Natürlich ginge es schneller, wenn die Erzieherin ihn hochheben würde. Doch das hieße, eine Gelegenheit zur Entwicklung seiner Intelligenz ungenutzt zu lassen. Simon trainiert seine Bewegungsintelligenz: Er bewältigt Höhenunterschiede und Hindernisse in einem alltäglichen Sinnzusammenhang. Sein Selbstbewusstsein und seine Selbstkompetenz werden gestärkt, weil er die selbst gestellte Aufgabe aus eigener Kraft bewältigt.

MIA UND LUCA SPIELEN MIT WASSER

Mia und Luca experimentieren mit Wasser und Gefäßen. Der warme Frühsommertag ist wie geschaffen dafür. Alltagsgegenstände aus Haus und Garten – ein Schlauch, Schüsselchen aus Plastik und eine Schubkarre – dienen den Kindern für ihre Experimente. Mia, knapp drei Jahre alt, versucht, Wasser aus dem Gartenschlauch in ihr Schüsselchen zu füllen. Luca, einige Monate jünger, verfolgt die gleiche Absicht. Beide erleben, dass das Wasser eher auf ihrem Körper und ihrer Kleidung landet als im Gefäß. Eine Erfahrung, die lustvoll und erschreckend zugleich ist: Die Kinder kreischen vor Vergnügen. Das kalte Wasser auf der Haut zu fühlen ruft bei ihnen kleine Schockwellen hervor.

3.5 Körper- und Sinnesintelligenz

Wasser zu schöpfen und aufzufangen, zu gießen, umzufüllen und fließen zu lassen ist eine grundlegende senso-motorische Erfahrung. Alle Kinder suchen sie gezielt. Sie wiederholen sie häufig und erfinden dabei immer neue Varianten. Die Erzieherinnen brauchen nicht mehr zu tun, als Wasser und Gefäße in einer Weise bereit zu stellen, dass die Kinder gefahrlos ihre Erfahrungen sammeln können.

MIA UND LUCA

Mia findet eine Lösung: Sie hat den Schlauch auf den Boden gelegt und lässt das Wasser rieseln. So gelingt es den Kindern, Wasser aus dem Schlauch in ihren Schüsselchen aufzufangen. Dann kommt die Schubkarre ins Spiel. Sie stand nicht zufällig da. Die Erzieherinnen wissen, dass die Kinder sie immer wieder gern für ihre Spiele nutzen. Mia und Luca haben Wasser eingefüllt, außerdem Steine und Blätter. Mit ihren Schüsselchen schöpfen sie Wasser. Schließlich tauchen sie ihre nackten Füße ein. Mia und Luca erkunden das Element mit allen Sinnen. Ihre Fußsohlen sind hochempfindsame Tastorgane.

Das Spiel mit Wasser im Freien ist für Mia und Luca eine absolut erfreuliche Erfahrung. Lernen ist für sie in diesem Moment ein lustvoller, selbstorganisierter und selbstbestimmter Prozess, den sie mit dem ganzen Körper und mit allen Sinnen erleben. Die Kinder sammeln Sinneserfahrung und vertiefen und erweitern ihr Verständnis von Zusammenhängen. Sie tun dies in Beziehung miteinander und bauen auf diese Weise Sinnesintelligenz und Selbstkompetenz auf.

JANNIS WISCHT AUF

Jannis, noch nicht ganz drei Jahre alt, mit Lappen und Eimern: Er hat am Frühstücksbüffet Saft verschüttet und darf die Spuren selbst beseitigen.

So etwas kommt jeden Tag vor. Eimer mit Wasser und Lappen stehen bereit. Jannis taucht seine Hände ein, um den Lappen herauszunehmen. Er breitet ihn aus und beobachtet, wie das Wasser in den Eimer fließt. Der Junge lauscht dem dabei entstehenden Geräusch.

JANNIS

Jannis bedient sich erst seit wenigen Wochen selbstständig am Büffet. In vielen Handlungen und Bewegungen ist er noch ungeübt. Zu Hause hat er dazu keine Möglichkeit, weil ihm sein Frühstück fertig serviert wird. Im Kindergarten werden die Impulse der Kinder, die Erwachsenen nachzuahmen und im Alltag selbstständig das zu tun, was diese auch tun, gezielt unterstützt. Das kostet natürlich Zeit und Aufmerksamkeit und ist weniger „effektiv“ nach der Logik der Erwachsenen. Doch das nachhaltigste Lernen findet im Alltag statt.

Deshalb werden hier die Lernchancen ergriffen, die sich bieten und die für das Kind in einem sinnvollen Zusammenhang stehen: Jannis hat Saft verschüttet, nun beseitigt er die Spuren, damit das Frühstücksbüffet wieder ein für alle Kinder angenehmer Ort wird.

Jannis ist mit allen Sinnen bei seinem Tun: Er fühlt, sieht und hört und macht eine neue Erfahrung. Sein Missgeschick wird hier nicht sanktioniert, vielmehr ist es Anlass für neues Erleben. Eine Erzieherin hilft ihm, den Lappen auszuwringen. Sie sorgt dafür, dass Jannis sich nicht in seiner neuen Sinneserfahrung verliert, sondern das Ziel erreicht wird: ein sauberes Büffet für alle Kinder, die frühstücken wollen und die jetzt schon warten.

Fehler sind notwendige Schritte in jedem Lernprozess. Den verkleckerten Saft aufzuwischen, ist für Jannis keine Sanktion. Die Handlung eröffnet ihm vielmehr die Möglichkeit zu einer neuen senso-motorischen Aktivität: Umgang mit Wasser, Eimer und Lappen in einem sinnvollen sozialen Zusammenhang. Er hat Gelegenheit, die Erwachsenen nachzuahmen. Nicht im Spiel, sondern in der Wirklichkeit. Das Putzen ist hier eine sinnvolle, soziale Handlung. Lernen wird nicht ausgelagert in didaktische Übungen. Im Alltag ist Raum dafür. Jannis vertieft und erweitert seine Sinnesintelligenz.

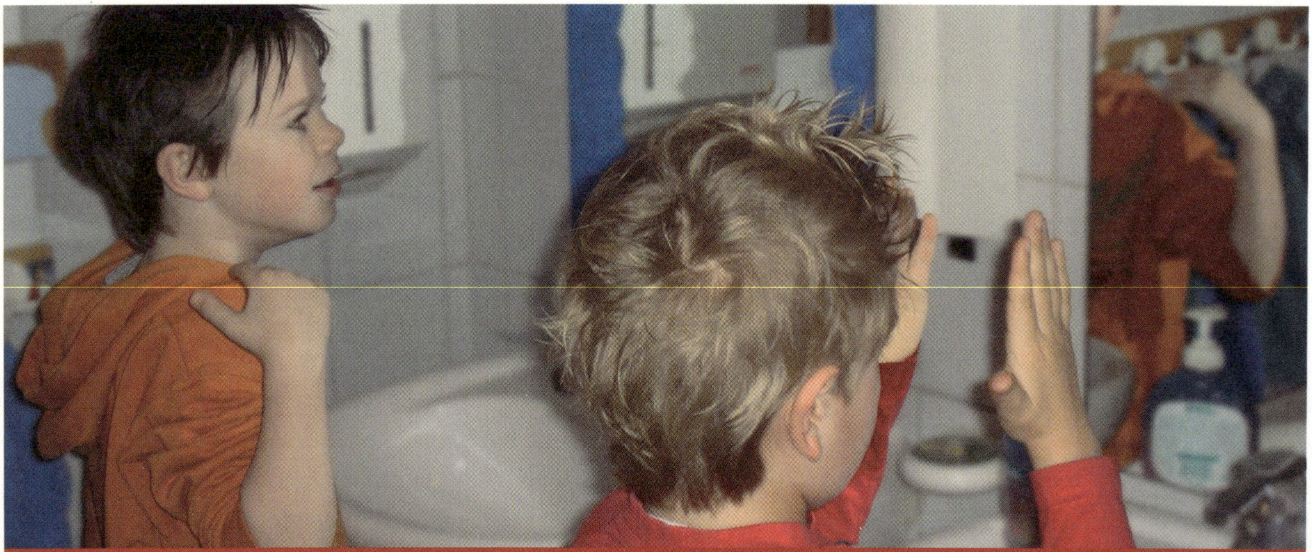

BENEDIKT UND TORBEN STYLEN SICH DIE HAARE

Benedikt und Torben im Waschraum, jeder vor einem Spiegel: Die beiden Fünfjährigen bringen ihre Haare mit Wasser in Form. Benedikt versucht, seinen kurzen blonden Schopf als Kamm aufrecht zu stylen. Torben arrangiert sich Strähnen in die Stirn. Die beiden Jungen tauschen sich aus über ihr Tun. Dabei nutzen sie sowohl Sprache, als auch Gesten. Benedikt weist mit beiden Händen in die Senkrechte – die Richtung, die er seinen Haaren geben will. Torben folgt Benedikts Erläuterungen aufmerksam und deutet mit seinen Händen in Schulterhöhe die Horizontale an.

3.7 Körper- und Sinnesintelligenz

BENEDIKT UND TORBEN

Die Haare gehören zum Körper. Haarfarbe und Frisur sind Teil der körperlichen Identität. Die beiden Jungen wirken sauber und frisch gewaschen – das Stylen der Haare scheint das letztes i-Tüpfelchen ihrer Körperpflege zu sein.

Benedikt und Torben bauen Selbstkompetenz auf. Sie beziehen sich jeweils auf sich selbst, auf ihren eigenen Körper und sind gleichzeitig miteinander im Austausch. Mit ihren Händen versuchen sie ihrer Frisur die angestrebte Form zu geben. Sie ahmen nach, was sie oft beobachtet haben: den Haaren den „letzten Schliff" geben, bevor man aus dem Haus geht und sich der Welt präsentiert.

Indem die beiden Fünfjährigen dieses Verhalten der Erwachsenen nachahmen, beginnen sie auch, Verantwortung zu übernehmen für sich selbst, für ihr Aussehen und für ihre Körperpflege. Der intensive Selbstbezug geschieht in Beziehung zum anderen. Dies wird deutlich im zweiten Bild: Mit den Händen stylt Benedikt seine Haare, dabei weist er auf sich selbst. Dieses Tun macht nur Sinn, wenn man gesehen wird. Dieser Aufbau von köperbezogener Selbstkompetenz bedeutet auch Einschwingen in die Kultur, d.h. sich auf andere beziehen – es bedeutet den Aufbau sozialer Intelligenz. Mit dem Aufbau von Selbstkompetenz entwickeln Benedikt und Torben auch ihre Beziehungsintelligenz.

FIONA BEREITET FRÜHSTÜCK

Fiona hat gelernt, sich die Schürze allein umzubinden. Als erstes rührt sie Ahornsirup in den Yoghurt. Sie presst die durchsichtige Flasche zusammen und beobachtet, wie die Flüssigkeit aus der Flasche in die Schüssel rinnt.

Schließlich genügt der Druck, den sie mit den Händen erzeugen kann, nicht mehr. Fiona arbeitet jetzt mit dem ganzen Körper: Die Ellenbogen stützt sie auf die Arbeitsplatte, ihre rechte Hand ist fast zur Faust geballt. Sie steht auf ihren Fußspitzen, um mehr Kraft zu haben. Sie benutzt ihre Stirn als „dritte Hand“, weil der Ahornsirup sehr zäh ist und nur schwer fließt. Eine Lösung, die Fiona allein gefunden hat, ohne von Erwachsenen Hilfe zu erbitten.

3.8 Körper- und Sinnesintelligenz

FIONA

Die sechsjährige Fiona in der Küche des Kindergartens: Hier wird jeden Morgen ab acht Uhr das Frühstücksbüffet für alle Kinder vorbereitet. Die Küchentür ist immer offen. Jedes Kind darf eintreten, zuschauen – und wenn es will –, mitarbeiten. Die Regeln des Gesundheitsamtes gelten nun auch für Fiona: „Hände desinfizieren" und „Schürze um". Die Erwachsenen, die in der Küche arbeiten, tragen lange Gastronomieschürzen. Solche gibt es auch für die Kinder.

Fiona kommt morgens regelmäßig in der Küche. Alles, was hier geschieht wird, interessiert sie sehr. Zu Hause hat sie wenig Gelegenheit, die Zubereitung von Mahlzeiten mitzuerleben; dort wird nur am Wochenende gekocht. Im Hintergrund arbeitet Gaby, die verantwortliche Küchenfrau. Sie greift nicht ein. Sie erklärt dem Kind nicht, wie es mit weniger Kraftaufwand auch zum Ziel käme. Sie lässt der Sechsjährigen Zeit, ihre eigenen Erfahrungen zu sammeln und vertraut darauf, dass Fiona, wenn sie den Vorgang oft genug wiederholt hat, selbst herausfinden wird, wie sie es mit weniger Kraftaufwand schafft.

Fionas Körper- und Sinnesintelligenz ist soweit entwickelt, dass sie diese in den Dienst einer sozialen Handlung stellen kann. Gleichzeitig wird dabei auch ihre Bewegungsintelligenz weiter aufgebaut. Fiona braucht sowohl groß- als auch feinmotorische Bewegung, um ihr Ziel, den Ahornsirup in die Schüssel zu gießen, zu erreichen. Dies geschieht im Rahmen einer täglich wiederkehrenden, sozialen Handlung: der Zubereitung des Frühstücks. Fiona hat Gelegenheit, die Erwachsenen im Alltag bei ihrer Arbeit zu beobachten und darf sie nachahmen „in echt". Nachahmung ist eine grundlegende menschliche Lernstrategie. Allein die Möglichkeit, dasselbe tun zu können wie die Erwachsenen, ist attraktiv genug, um sich dabei mit aller Kraft anzustrengen. Fiona entwickelt ihre Körper-, Sinnes- und Bewegungsintelligenz und lernt, diese zielgerichtet und wohldosiert einzusetzen. Fiona arbeitet mit ihren Sinnen, mit den Augen und dem Tastsinn. „Schnell fertig werden" und „effektiv sein" ist für die Sechsjährige kein Maßstab. Fiona ist mit ihren Sinnen bei ihrer Aufgabe und konzentriert sich mit aller Kraft auf ihr Ziel.

4.0 Kreative Intelligenz

Der Mensch teilt mit den höheren Säugetieren die Fähigkeit zu spielen.

Jungen Katzen oder Hunden zuzusehen, wie sie miteinander spielen, bereitet uns Vergnügen. Im Spiel trainieren junge Tiere Fähigkeiten, die für ihre Art in der Evolution überlebenswichtig sind: Jagen, Fangen und Flucht. Solches Verhalten brauchen Menschenkinder nicht zu üben. Dennoch spielen sie etwa ab dem dritten Lebensmonat jede wache Minute – vorausgesetzt, sie sind satt und zufrieden. Das bedeutet auch emotional satt, indem sie sich sicher und gehalten fühlen in der Beziehung zu einem erwachsenen Menschen.

Der Säugling nimmt seine Umgebung wahr, greift danach und untersucht alles, was ihm in die Finger kommt, zunächst durch In-den-Mund-stecken. Aus dem ursprünglich reflexhaften Schließen der Finger wird zielgerichtetes Greifen, um Gegenstände von Interesse zu sich heranzuziehen und zu erforschen. Jedes Menschenkind ist ursprünglich neugierig und interessiert. Es stellt sich selbst Aufgaben und führt sie, wenn es nicht gestört wird, solange aus, bis es ermüdet oder sein Interesse gestillt ist.

Für seine Forschungstätigkeit nutzt das Kind alle seine Sinne: Schmecken, Riechen, Tasten, Sehen, Hören. Sinneseindrücke prägen das Gehirn. Im Limbischen System, das sich im Zwischenhirn befindet, werden die Sinneseindrücke verarbeitet. Durch seine Aktivität mit allen Sinnen erweitert das Kind seine Sinneswahrnehmung und differenziert sie. So nimmt es Unterschiede wahr in der Beschaffenheit der Dinge. Es erarbeitet sich die Qualitäten. In der ständigen Wiederholung prägen sich Begriffe, wie z.B. „weich“ und „hart“, längst bevor das Kind die Worte dafür beherrschen lernt.

Zum freien Spiel braucht das Kind weder motiviert noch animiert zu werden. Diese Fähigkeit ist eine genetische Anlage, die der Mensch mit höheren Säugetieren teilt. Das freie Spiel des Kindes wird jedoch umso reichhaltiger und differenzierter und dient umso mehr seinem Intelligenzaufbau, je besser seine Umgebung an seine Entwicklungsbedürfnisse angepasst ist.

Im Spiel entwickelt das Kind seine Motorik, d.h. seine Bewegungsintelligenz, seine Vorstellungskraft und sein symbolisches Denken. Bereits im ersten Lebensjahr machen sich Kinder einen „Plan“ und verwirklichen ihre Spielideen. Oder sollte man besser sagen: Sie stellen sich Forschungsfragen und versuchen, sie zu beantworten, indem sie einen Versuchsaufbau arrangieren?

Der Schweizer Biologe und Begründer der Entwicklungspsychologie Jean Piaget (1896 – 1980) spricht von der Struktur des permanenten Objektes: Durch wiederholte Erfahrung erwirbt das Kind das Wissen um das Vorhandensein eines Gegenstandes oder die Präsenz eines Menschen, auch wenn es ihn nicht sieht. Diese Fähigkeit ist die Grundlage des symbolischen Denkens – einer Funktion des Neokortex, des Großhirns. Das ist der evolutionär jüngste Teil des menschlichen Gehirns, der nach der Geburt noch eine jahrelange Reifezeit braucht.

Das symbolische Denken ist eine Grundlage unserer Kultur. Ohne die Fähigkeit zum symbolischen Denken ist das Erlernen unserer Kulturtechniken – Lesen, Schreiben, Rechnen – nicht möglich. Denn auch dabei geht es immer um das Verstehen von Symbolen.

Der genetisch verankerte Impuls zum Entdecken, Erforschen und Gestalten – in der Alltagssprache „freies Spiel“ genannt – dient dem Aufbau und der Entwicklung unserer höheren Intelligenzen. Raum, Zeit und Möglichkeiten für freies Spiel von den ersten Lebensmonaten an, sind Wachstumsbedingungen für den Rohstoff Intelligenz.

JONAS ENTDECKT SEINEN SCHATTEN

In einiger Entfernung vom Boden, in stabiler Bauchlage entdeckt Jonas den Schatten seiner Hand. Durch gezielte Bewegungen fängt er an, damit zu experimentieren. Erkennt er sich als Verursacher? Ist es das erste Mal, dass er einen Schatten bewusst wahrnimmt? Oder wiederholt er hier eine Erfahrung? Sicher ist, dass er eine Erfahrung viele Male wiederholen muss, um Ursachen und Zusammenhänge zu begreifen.

4.1 Kreative Intelligenz

Jonas, ein Jahr alt, hat den Schatten seiner Hand entdeckt und experimentiert damit. Er kann sich bereits kriechend vorwärts bewegen; ein niedriges Podest ist kein Hindernis für ihn, sondern eine Herausforderung. Er weiß nicht, was ihn am Ende erwartet, als er sich die Mühe macht, die Stufe vom Boden auf das Podest zu überwinden. Doch seine Anstrengung wird belohnt.

JONAS

Jonas ist ein intensiv lernendes Wesen. Er lässt keine Gelegenheit aus. Das kann er auch nicht, denn Neugier und Entdeckerfreude sind in seinen Genen verankert. Die Entwicklung seines Gehirns drängt ihn dazu, sich Neuem zu öffnen.

Jonas Entdeckung und Spiel sind Zufall. Niemand hat geplant, dass heute die Sonne scheint oder das Kind „motiviert", sich der „Schattenfrage" zuzuwenden. Kein Zufall ist es, dass Jonas Herausforderungen findet, die genau richtig sind für sein Alter. Dafür haben kompetente Erzieherinnen gesorgt, die um die Entwicklungsbedürfnisse des Kleinkindes wissen. Sie haben die Umgebung so gestaltet, dass seine Neugier, sein Interesse und seine Bewegungslust immer wieder neue Nahrung finden und Anreize, sich zu erproben. Auf diese Weise bauen junge Menschen ihre Intelligenzen in einem von innen gesteuerten Prozess selbst auf. Ausgangspunkt der kindlichen Entdeckerfreude und des Intelligenzaufbaus ist der eigene Körper.

JONAS BEIM SCHATTENSPIEL

Ein Jahr später ist Jonas immer noch vom Spiel mit dem eigenen Schatten fasziniert. Der zweijährige Junge kann inzwischen selbstständig essen. Er sitzt am Tisch, Obst und Getränk stehen vor ihm. Seine Bedürfnisse sind soweit befriedigt, dass er in seinem liebsten Tun fortfahren kann: dem Entdecken. Die Freude darüber steht ihm ins Gesicht geschrieben, mit seiner ganzen Körperhaltung drückt er Begeisterung aus.

4.2 Kreative Intelligenz

Was braucht ein Kind, um Freude an Entdeckungen zu haben? Grundlage ist die entspannte Muße, die eintritt, wenn seine körperlichen und seelischen Bedürfnisse befriedigt sind. Dann spürt es den Impuls, aktiv zu werden, Neues zu entdecken und sich ins Unbekannte zu wagen. Dazu braucht jedes Kind die Bestätigung: „Du bist richtig in der Welt." Das kann ihm nur ein liebevoll zugewandter Erwachsener geben, der präsent ist. Nur das Kind begibt sich auf Entdeckungsreise und damit in den Prozess des Aufbaus seiner vielfältigen Intelligenzen, das sich in einer Beziehung sicher gehalten weiß. Ein klarer Rahmen und klare Regeln geben dabei Orientierung.

Jonas sitzt also am Esstisch. Er hat hier kein Spielzeug zur Verfügung. Mit Essen und Trinken darf nicht gespielt werden – das ist die Hausregel, die er schon kennt. Dennoch ist Raum für Entdeckung. Seine Erzieherin hat sein Spiel mit dem Schatten und seine Freude daran wahrgenommen. Sie rückt das Brett, auf dem das geschnittene Obst für die Kinder liegt, ein wenig beiseite, damit Jonas genügend Raum für sein Experiment hat. Wortlos signalisiert sie ihm auf diese Weise: „Ich sehe, was du machst und das ist in Ordnung." Kommentare, Lob oder Fragen würden das Kind in seinem Prozess stören.

Was entdeckt Jonas? Ist er fasziniert von der Bewegung des Schattens? Sieht er Ähnlichkeiten zwischen dem Umriss auf dem Tisch und seiner Hand? Entdeckt er sich selbst als Verursacher? Rührt seine Freude daher, dass er selbst bestimmen kann, ob der Schatten auf dem Tisch erscheint oder nicht? Jonas kann es nicht mitteilen, denn er spricht erst wenige Worte. Er baut seine kreative Intelligenz auf und sein Verständnis von der Welt. Ausgangspunkt ist er selbst mit seinem eigenen Körper. Jonas ist der Akteur, der seinen Lernprozess aktiv bestimmt.

JONAS

SARAH EXPERIMENTIERT MIT GEFÄSSEN

Sarah, 30 Monate, experimentiert mit großen farbigen Knöpfen, Holztellern und durchsichtigen, unzerbrechlichen Gefäßen. Sie hat ihre linke Hand in die Dose gesteckt und balanciert das Gefäß mit der Öffnung nach unten. Ihre Hand befindet sich zusammen mit dem letzten Knopf in dem Behälter, in dem zuvor alle anderen auch aufbewahrt worden waren.

4.3 Kreative Intelligenz

Sarahs Gesichtsausdruck zeigt Erstaunen und Zufriedenheit. Sie hat etwas entdeckt. Die Wirkung der Schwerkraft? Innen und Außen? Oder dass ihre ganze Hand nun in die fast leere Dose passt?

Sarah sammelt Erfahrungen, wie sich Dinge im Raum verhalten. Sie selbst, ihr eigener Körper ist dabei Ausgangspunkt und Bezuggröße. Sie braucht zu ihrem Spiel – oder sollte man besser sagen: zu ihrer Entdeckungsarbeit – weder Anleitung noch Hilfe. Das Experimentier-Material ist von den Erzieherinnen so ausgewählt und vorbereitet, das Sarah gefahrlos damit arbeiten kann. Doch das Kind kann nur deswegen entspannt und konzentriert forschen, weil die vertraute Erzieherin im gleichen Raum aufmerksam präsent ist. Sarah kann jederzeit mit ihr Kontakt aufnehmen und ihre Freude über die Entdeckung mit ihr teilen. Ohne diese zugewandte Präsenz des Erwachsenen, zu dem das Kind eine Beziehung hat, kann es sich nicht der Erforschung seiner Umgebung widmen.

SARAH

Irgendwann in der Zukunft wird Sarah etwas über die Gesetze der Schwerkraft lernen. Das kognitive Begreifen der Naturkräfte und ihre symbolische Darstellung in Formeln werden ihr keine Mühe bereiten, weil das Wissen um diese Zusammenhänge durch wiederholte, im Spiel gesammelte Erfahrungen in ihrem Körper und ihren Sinnen verankert ist.

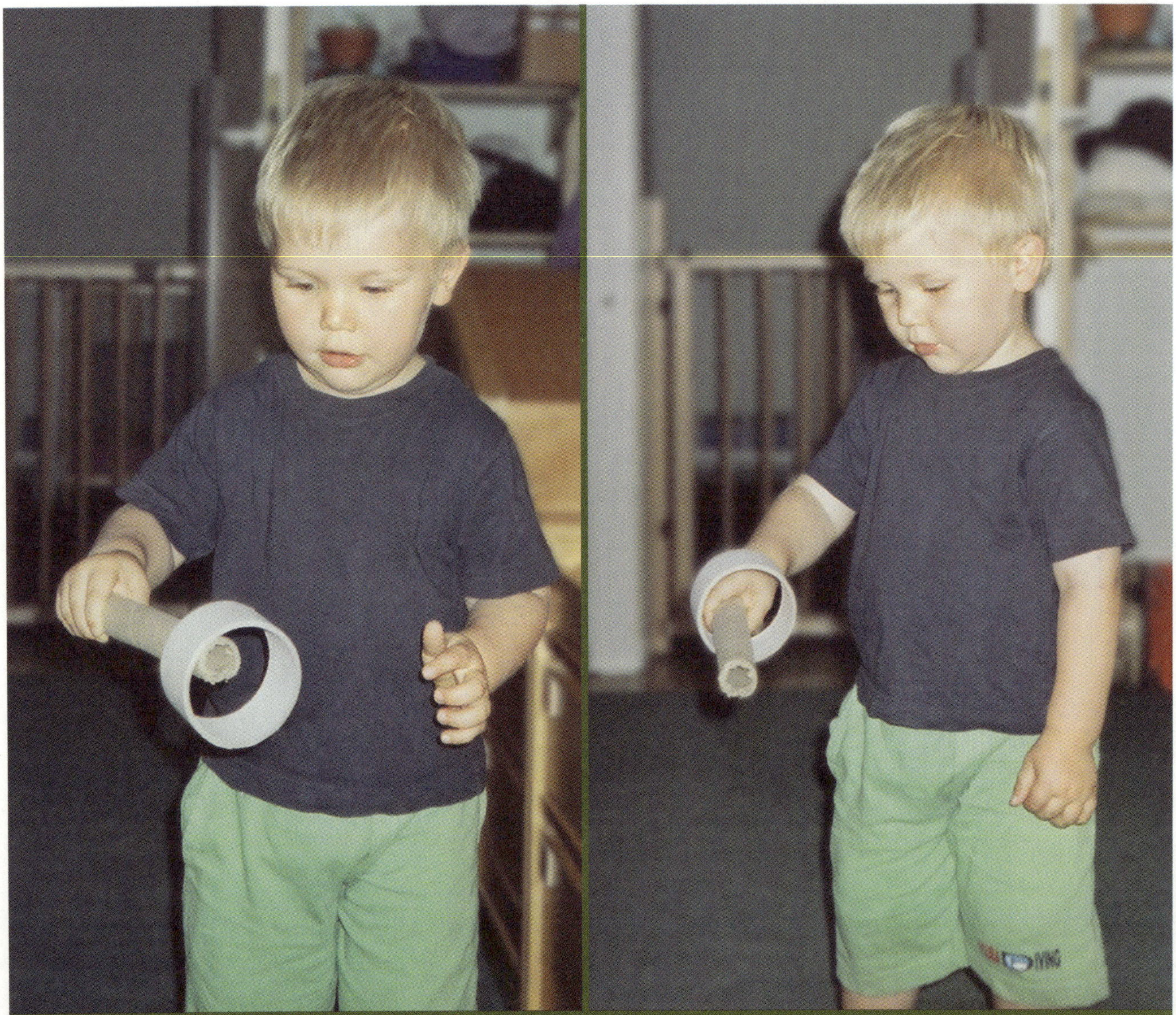

JULIAN LÄSST ROTIEREN

Julians Gesichtsausdruck und seine ganze Körperhaltung signalisieren wache, gespannte Aufmerksamkeit: Wird es gelingen, den rotierenden Ring auf dem Stab zu halten? Mit seiner freien linken Hand balanciert er sein Gleichgewicht aus und ist bereit, damit einzugreifen.

4.4 Kreative Intelligenz

JULIAN

Julian, 31 Monate, balanciert einen Ring auf einem Stab. Seine Feinmotorik und die Koordination seiner Sinne – Augen, Tastsinn, Gleichgewicht – sind bereits so gut entwickelt, dass es ihm gelingt, den Ring um den Stab rotieren zu lassen.

Julian ist erfolgreich. Es ist ihm gelungen, den rotierenden Ring auf dem Stab zu halten. Julian steht jetzt entspannt frei im Raum. Er weiß, wie es geht. In seinem Gesicht spiegelt sich die gelassene Zufriedenheit des Könners.

SOFIA VERGLEICHT

Der Ring passt in den Deckel, nicht jedoch in die Dose – so das Ergebnis ihres Experiments. Sofia vergleicht. Sie erarbeitet sich die Begriffe „größer" und „kleiner", „innen" und „außen". Sofias Wortschatz umfasst erst etwa 20 Wörter, „größer" und „kleiner" gehören noch nicht dazu. Doch sie sind bereits Teil ihrer Erfahrung. Und sie wird diese Erfahrung erweitern und vertiefen, indem sie dieses Spiel mit den gleichen oder anderen Gegenständen immer wieder aufs Neue beginnt.

4.5 Kreative Intelligenz

SOFIA

Die 20 Monate alte Sofia führt bereits physikalische Experimente durch. Eine Dose aus Plastik mit Deckel und ein Ring aus Blech sind ihre Instrumente. Alle Gegenstände haben eine Größe, die Sofia mit ihren Händen gut greifen kann.

Sprache ordnet die Erfahrung in Begriffen, benennt die erfahrene Realität und eröffnet die Möglichkeit, sich darüber auszutauschen. Sprachelernen ist auch Wiedererkennen. Wörter wie „größer“ und „kleiner“ wird Sofia spielend lernen, weil sie bereits als Erfahrung in ihren Sinnen und in ihren Bewegungsmustern verankert sind. Sie hat sich diese Aufgabe selbst gestellt. Niemand musste sie „motivieren“. Sofia arbeitet solange daran, bis sie „satt“ ist und ihr Interesse nachlässt.

NICK KREIERT SEIN BUTTERBROT

Nick streicht Marmelade auf sein Toastbrot mit Butter. Nicht „schön ordentlich“, doch so gut er es versteht. Er darf sich darin üben, sich selbst ein Brot zu schmieren. Jeden Tag wieder. Das Frühstücksangebot ist reichhaltig. Nick wird zugemutet, selbst zu entscheiden, was er essen will. Nick hält sich nicht an die Konvention, morgens einfach ein Marmeladenbrot zu essen. Er entscheidet sich für Käse. Sorgfältig und konzentriert legt er den Käse auf die Marmelade. Niemand hindert ihn, niemand klärt ihn auf, dass „das doch eigentlich nicht zusammen passt“. Nick darf selbst herausfinden, ob ihm das schmeckt.

4.6 Kreative Intelligenz

Der dreieinhalbjährige Nick am Frühstücksbüffet: Er besucht seit drei Monaten den Kindergarten, erst seit wenigen Wochen bedient er sich selbstständig.

Im Gesicht des Jungen liegt ein Ausdruck von Zufriedenheit. Für sich selbst sorgen zu können, ist ein befriedigendes Tun. Zum Schluss krönt Nick sein Brot mit einer Scheibe Ei. Er hat Nahrungsmittel, die in unserer Kultur herkömmlich getrennt genossen werden, zusammengefügt. Nick hat für sich das Marmeladen-Käse-Ei-Brot erfunden.

NICK

Kreativität ist eine ursprüngliche, menschliche Intelligenz. Sie ist nicht an bestimmte Räume, Zeiten oder Materialien gebunden. Kreativität bedeutet auch, die herkömmlichen Bahnen kultureller Übereinkunft zu verlassen und etwas Neues auszuprobieren. Nick ist kreativ im Alltag, beim Essen. Er probiert spielerisch aus, ob Dinge, die er gerne mag, auch zusammen gut schmecken. Im Alltag, bei der täglich sich wiederholenden Handlung des Essens, wird Nick Raum gegeben, seine kreative Intelligenz zu entwickeln.

MATS UND VINCENT BAUEN IHRE WELT

Mats und Vincent, vier und fünf Jahre alt, sind dabei, einen Bau aus Türmen, Brücken, Treppen und Mauern zusammenzufügen. Im Vordergrund gibt es eine Zugbrücke. Hier ist eine Ritterburg im Bau. Die Arbeit nimmt die beiden Jungen vollständig in Anspruch. Die meisten Ritter liegen noch am Boden und „spielen noch nicht mit". Vincent und Mats tauschen sich über den Bauplan aus. Mats hält ein Bauelement mit Turm, Tor und Fenstern in der Hand. Vincent weist mit der Hand auf den Platz, den sie dafür vorgesehen haben. Gemeinsam begutachten die Jungen das Ergebnis ihrer Entscheidung. Dabei sprechen sie miteinander.

4.7 Kreative Intelligenz

Beide Jungen sind entspannt und konzentriert. Sie gestalten ihre Spielwelt nach ihrer Vorstellung. Dabei tauschen sie ihre Ideen aus, um sich über das, was entstehen soll, abzustimmen. Mats und Vincent machen sich ein Bild von dem, was entstehen soll. Sie setzen ihren Plan in die Wirklichkeit um. Das ist ein ursprünglicher kreativer Akt.

MATS UND VINCENT

Die sichtbar aufgebaute Spiellandschaft ist nur ein Teil dieser Welt. Der größte Teil ist für den Betrachter unsichtbar. Er existiert nur in der Vorstellung von Mats und Vincent. Die Bauelemente symbolisieren etwas, was nur die beiden Baumeister wirklich wissen, verstehen und beherrschen. Indem sie ihre Spielwelt nach ihrer Vorstellung aufbauen, entwickeln Mats und Vincent ihre kreative Intelligenz. Sie schulen ihr symbolisches Denken, indem sie selbst Symbole schaffen. Sie geben den einzelnen Bauelementen und den Figuren eine Bedeutung, die sie selbst festlegen und auch wieder verändern können.

Im kreativen Spiel entwickelt sich symbolisches Denken und Handeln. Nur wenn dies zu einer bestimmten Reife gelangt, können Kinder die in ihrer Kultur entwickelten Symbolsysteme wie Buchstaben oder Zahlen verstehen und sinnvoll gebrauchen lernen.

MATTHIS BAUT EINE DENKMASCHINE

Matthis hat seine Zeichnung mit Filzstift auf eine Spanplatte übertragen. An beiden Seiten hat er Kronenkorken mit Schrauben auf dem Holz befestigt. Damit markiert Matthis jeweils ein Halbrund an den Außenseiten seiner „Denkmaschine“. In der Mitte hat er Teile eines Computers und eines Elektromotors befestigt, die er aus einer Fülle von Material ausgewählt hat. Mit Kabeln verbindet er den mittleren Teil mit den Kronenkorken am äußeren Rand. In den Wochen zuvor hatten die Kinder alte Computer, Radios und Wecker auseinander gebaut und auf diese Weise das Material für ihre „Denkmaschinen“ gewonnen.

4.8 Kreative Intelligenz

MATTHIS

Der sechsjährige Matthis baut eine Denkmaschine. Die Idee dazu entstand in der „Logomenta", der Lernwerkstatt, in der die Vorschulkinder täglich zwei Stunden aktiv sein dürfen. Matthis hat die Idee begeistert aufgegriffen und eine Denkmaschinen gezeichnet – tagelang. Die Erzieherin hat sich Zeit genommen, sich den Entwurf genau erklären zu lassen. Sie hat die Erläuterungen aufgeschrieben und möglichst genau protokolliert. Matthis will eine Denkmaschine bauen, mit der das Fliegen möglich wird.

Matthis arbeitet entspannt und konzentriert an der Verwirklichung seiner Idee. Dafür stehen ihm in der Logomenta ausreichend Zeit, Raum und Material zur Verfügung. Der Sechsjährige ist in der Lage, seine Ideen aufzuzeichnen und diese Zeichnung als Plan zu nutzen. Er wird ernst genommen, indem seine Erzieherin ihm zuhört und ihn ermutigt, seine Ideen in Worte zu fassen. Über einen Zeitraum von mehreren Wochen hat Matthis die Gelegenheit, sich täglich aufs Neue mit seinen Ideen zu beschäftigen und diese in eine räumliche Konstruktion umzusetzen. Seine Zeichnung dient Matthis als Plan. Sie symbolisiert das, was später als räumliche Skulptur „Denkmaschine" entstehen wird. Mit dem Bau seiner „Denkmaschine" entwickelt Matthis seine kreative Intelligenz.

5.0 **Soziale Intelligenz**

Der Mensch ist ein soziales Wesen.

Jedes Neugeborene ist ursprünglich sozial. Mit Saug- und Klammerreflex, mit Blick und Stimme sucht es Kontakt und kann nur überleben, wenn diese Suche erfolgreich ist. Das menschliche Gesichtsschema ist das einzige Bild, das ein Kind von der ersten Lebensstunde an deutlich erkennen kann. Seine Augen sehen nur dieses eine Bild klar – in etwa 15 bis 20 Zentimeter Entfernung. Und die Kontaktaufnahme ist überlebenswichtig. Deswegen ist die Fähigkeit, Kontakt aufzunehmen, Teil der einfachen Verhaltensausstattung, die der junge Mensch schon bei der Geburt voll entwickelt hat. Nur wenn das Kind mit seiner Mutter oder einem anderen liebevollen Menschen Kontakt aufnehmen kann und diesen körperlich und mit allen seinen Sinnen erfährt, kann es überleben und wachsen.

Soziale Intelligenz ist angeboren. Sie muss dem Kind nicht beigebracht werden. Es lernt überwiegend durch Nachahmung und am Modell. Darum ist es entscheidend, in welcher Weise die Bezugsperson ihre Beziehung zum Kind gestaltet: Ist es ein Verhältnis von „stark" und „schwach", bei dem das Kind als hilflos-schwacher Part den Willen des Starken aufgezwungen bekommt? Oder erhält das Kind eine Einladung zur Kooperation, ohne dass der Erwachsene seine Verantwortung für dessen Wohlbefinden aufgibt?

Seine ersten sozialen Erfahrungen sammelt jeder neugeborene Mensch durch die Art und Weise, wie er versorgt wird – wie er gehalten, ernährt, gebadet und gewickelt wird. Diese Interaktion mit seinen Bezugspersonen bildet den ersten sozialen Erfahrungsraum. Soziale Intelligenz entwickelt sich vom ersten Lebenstag an.

Babys, für deren Bedürfnisse in kooperativer Weise gesorgt wird, sind bereits im Alter von wenigen Monaten in der Lage, auch mit Gleichaltrigen zu kooperieren. In immer komplexeren Spielen entwickeln Kinder in den ersten Lebensjahren ihre Fähigkeit zur Kooperation und Zusammenarbeit in einer Gruppe. Das selbstorganisierte Rollenspiel ist Medium, Ziel und Motivation zugleich. Es erlaubt die Entwicklung der kreativen menschlichen Intelligenz in einer Weise, die dem Individuum allein nicht möglich ist.

Bereits im vierten Lebensjahr sind die Grundlagen der sozialen Intelligenz weitgehend gelegt. Die Beziehungsqualität, die die Kinder in den alltäglich wiederkehrenden Versorgungshandlungen der Erzieherinnen erfahren, sowie der Raum zum ungestörten freien Spiel, der ihnen in Krippen und Kindergärten gelassen wird, sind entscheidend dafür, welchen Beitrag diese Einrichtungen zur Entwicklung sozialer Intelligenz leisten.

BEN UND PIA KOOPERIEREN

Ben, zehn Monate, und Pia, acht Monate, sind, jeder für sich, damit beschäftigt, unterschiedliche Gegenstände zu erforschen, die sie in ihrem Spielbereich vorgefunden haben.

Ben kaut auf einem silberfarbenen, spiralförmigen Eierbecher. Obwohl die Feinmotorik seiner Hände bereits gut entwickelt ist, ist doch der Mund immer noch sein wichtigstes Tastorgan. Er bekommt Zähne, daher ist das Kauen auf einem harten Gegenstand ein echtes Entwicklungsbedürfnis.

5.1 Soziale Intelligenz

Ben ist schon in der Lage, selbstständig seine Körperposition im Raum zu verändern: Er kann sich vom Rücken auf den Bauch drehen. Der harte Untergrund und die Tatsache, dass er barfuss spielen darf, haben ihn in diesem Entwicklungsschritt unterstützt. Warme Kleidung – die kleinen Stulpen aus Wolle um die Knöchel – schützen ihn vor Kälte. Mit den nackten Füßen kann Ben sich auf dem Boden abstützen und bewegt sich auf diese Weise kriechend durch den Raum.

Er interessiert sich für das Greifspielzeug, das Pia untersucht hat. Ben zieht es zu sich herüber. Oder hat sie es ihm hingehalten? Sein Gesicht zeigt Freude. Die Geste des Zugreifens ist nicht aggressiv, sondern interessiert. Die beiden Kinder kommunizieren miteinander, obwohl sie noch nicht sprechen können: Sie kooperieren.

BEN UND PIA

VIER KINDER AUF DER RUTSCHE

Lukas ist auf den höchsten Punkt der Rutsche geklettert. Er hat mit seinem Körper eine „Brücke“ gebaut, unter der Paul rückwärts hindurch gerutscht ist. Johanna wartet, um als nächste dran zu sein. Bernd steht auf halber Höhe des Hügels.

5.2 Soziale Intelligenz

VIER KINDER AUF DER RUTSCHE

Vier Kinder zwischen zwei und zweieinhalb Jahren spielen auf der Rutsche. Lukas, Paul, Johanna und Bernd beherrschen das Spiel schon gut. Darum ist einfach „nur rutschen“ für sie uninteressant geworden. Sie erfinden Varianten und stellen an sich selbst höhere Anforderungen.

Die Kinder haben ihre eigenen Regeln definiert, mit denen sie das Spielgerät nutzen. Durch ihre Kooperation schaffen sie sich neue Herausforderungen. Das ist nur gemeinsam möglich. Lukas, als Brückenbauer, balanciert sein Gleichgewicht in der Grätsche aus. Er verwirklicht seine Idee. In diesem Spiel hat er eine herausgehobene Funktion. Die Tatsache, dass seine Mitspieler die von ihm gebildete Brücke nutzen, ist ihm Bestätigung und Ansporn. Die Kinder kooperieren aus eigenem Antrieb. Niemand hat ihnen gesagt, was sie wie tun sollen. Für sie ist es lustvoller und interessanter, die Rutsche gemeinsam zu nutzen. So haben sie mehr Möglichkeiten.

Das Rutschenteam hat sich eine neue Spielvariante ausgedacht: Wer gerutscht ist, bleibt am Ende sitzen. Die Kinder bilden eine Schlange. Johanna, die jetzt als letzte rutscht, hat eine weitere Möglichkeit entdeckt: Sie dreht sich während des Rutschens auf den Bauch. Alle Kinder drücken Freude und Gelassenheit aus. Im Vordergrund steht die Gemeinsamkeit ihres Tuns.

FÜNF KINDER IM ROLLENSPIEL

Fünf Kinder im Alter von drei bis vier Jahren haben sich im Freigelände zu einem Rollenspiel zusammengefunden. Sie nutzen die gestaltete Umgebung: in den Boden eingelassene Rundhölzer. Alle Kinder sitzen hintereinander und nehmen die gleiche Körperhaltung ein. Dabei machen sie koordinierte Bewegungen mit den Armen und Geräusche mit dem Mund.

5.3 Soziale Intelligenz

Die Kinder koordinieren sich und kooperieren miteinander – freiwillig, aus eigenem Antrieb. Ihr Spiel kann nur in der Gruppe entstehen. Mit ihrer Imagination, ihrem symbolischen Denken, schaffen sie sich gemeinsam eine Situation, die nur in ihrer Vorstellung existiert. Die Kinder sind in der Lage, in ihrem Spiel komplexe Situationen zu symbolisieren, d.h. in ihrer Vorstellung zu erzeugen. Die Fähigkeit zum symbolischen Denken entwickelt sich ab dem Alter von sechs Monaten. Nur dadurch ist ein Lernen und Beherrschen von Kulturtechniken wie Schrift und Zahl möglich. Die Kinder entwickeln und trainieren diese Intelligenz im selbst organisierten Spiel. Die Entwicklung der neokortikalen Intelligenz des symbolischen Denkens geschieht gleichzeitig mit der der sozialen Intelligenz. Der Aufbau dieser Intelligenzen ist ein echtes Wachstums- und Entwicklungsbedürfnis der Kinder.

FÜNF KINDER IM ROLLENSPIEL

>>

FÜNF KINDER IM ROLLENSPIEL

Vermutlich wird hier Fahren in Autos oder im Zug gespielt. Das ist eine Alltagserfahrung, denn die meisten Kinder legen den Weg zur Einrichtung im elterlichen Auto oder in öffentlichen Verkehrsmitteln zurück. Ein längliches Stück Holz hat die Funktion eines Lenkrades oder Steuerknüppels.

FÜNF KINDER IM ROLLENSPIEL

Das Spiel entwickelt sich. Die Kinder wechseln Positionen und Rollen. Sie sprechen miteinander und treffen Vereinbarungen für den Fortgang des Spiels.

COMPUTER ZERLEGEN

Eva und Kerstin, beide sechs Jahre alt, zerlegen einen Computer – einen Gegenstand, der für Erwachsene von zentraler Bedeutung in ihrem Alltag ist. Computer auseinander zu nehmen ist ein Angebot in der Lernwerkstatt für Vorschulkinder. Die Mädchen arbeiten mit echtem Werkzeug, das auch Erwachsene verwenden.

5.4 Soziale Intelligenz

Diese Tätigkeit ist für die Kinder sehr attraktiv: Sie verschaffen sich Einblick in das Innere eines Gerätes, das normalerweise in einem Gehäuse verborgen ist und nehmen die einzelnen Teile in die Hand. Das ist die Grundlage dafür, Funktionszusammenhänge verstehen zu lernen. Die Mädchen arbeiten gemeinsam und erzielen ein Ergebnis. Sie machen die Erfahrung, dass sie zusammen zum Ziel kommen.

Die Arbeit erfordert Kraft und Konzentration. Beide Kinder sind mit großem Ernst bei der Sache. Sie arbeiten mit Schraubenziehern am selben Einzelteil, um es zu lösen – Eva von oben, Sina von unten. Feinmotorische Bewegungsintelligenz ist erforderlich. Durch Aktivität wird diese Intelligenz aufgebaut. Ebenso ihre Körper- und Beziehungsintelligenz. In der Körperhaltung der beiden Mädchen wird deutlich, wie sehr sie sich nonverbal abstimmen und ergänzen. Die beiden Mädchen sind ein Team.

COMPUTER ZERLEGEN

>>

COMPUTER ZERLEGEN

Nils hat eine Platine mit dem Schraubenzieher gelockert und versucht mit großer Anstrengung, sie zu lösen.

COMPUTER ZERLEGEN

Danach assistiert er Jakob, mit dem er zusammen am gleichen Gerät arbeitet. Jakob will mit einer Zange ein Kabel durchtrennen. Nils hilft ihm, das Kabel zu straffen. Er unterstützt Jakob, damit dieser seine geplante Handlung ausführen kann. Nils ist in die Assistentenrolle geschlüpft, eine wichtige Rolle in jedem Team.

BEN UND SEINE FREUNDE AUF DEM MARKT

Eine Marktsituation, in der Vorschulkinder Kaufen und Verkaufen spielen: Bezahlt wird mit richtigem Geld, die Käufer sind Eltern und Geschwister, Kindergarten- und Schulkinder. Zahlen erkennen, zählen, abwiegen und einpacken – das sind die Fertigkeiten, die hier gefragt sind.

5.5 Soziale Intelligenz

Kooperation ist die Grundlage dafür, dass das Spiel läuft. Käufer und Verkäufer sind Komplementärrollen, die nur in Beziehung zueinander funktionieren. Der Wunsch der Kinder, es den Erwachsenen gleich zu tun und zu sein wie die „Großen“ ist ein starker Impuls, in Beziehung zu gehen und zu kooperieren.

Im Spiel erarbeiten sich die Kinder Symbole, die für das Funktionieren unserer Kultur von zentraler Bedeutung sind: Zahlen und Geld. Der Umgang mit diesen Symbolen ist für die Kinder eingebunden in eine reale Handlung. In ihrem Tun erleben sie die Bedeutung der Symbole. Der Sinn von Zahlen und Geld erschließt sich den Kindern aus dem Sinnzusammenhang ihres Tuns.

BEN UND SEINE FREUNDE

Symbole sind Abstraktionen. Ihre Bedeutung erschließt sich sechs- bis zwölfjährigen Kindern ausschließlich operational, d.h. in konkreten Handlungen. Grundlage für das Verstehen von Symbolen ist das begreifen im wortwörtlichen Sinne. Nur mit entwickelter Bewegungs- und Körperintelligenz ist die Bedeutung von Symbolen erfahrbar. Diese beziehen sich immer auf einen Sinn, den eine Gruppe von Menschen, eine Gemeinschaft, ihnen gibt. Deswegen können sie nur durch Beziehungsintelligenz und in Kooperation entschlüsselt werden.

BEN UND SEINE FREUNDE AUF DEM MARKT

Mit der ausgestreckten Linken nimmt Ben das Geld, das ihm von seinem Gegenüber gereicht wird, in die geöffnete Hand. Käufer und Verkäufer: zwei Menschen, die sich in ihren Bewegungen und ihrer Körpersprache perfekt aufeinander abstimmen.

BEN UND SEINE FREUNDE AUF DEM MARKT

Wenig später streckt Ben seine Rechte aus und lässt den Gegenstand los, den der Käufer soeben erworben hat. Beide Kinder in der Rolle als Käufer und Verkäufer sind in ihrer groß- und feinmotorischen Bewegungsintelligenz so weit entwickelt, dass die beabsichtigte Handlung, Kauf und Verkauf eines Gegenstandes mit der Übergabe von Geld und Ware, gelingt.

TURMBAU-TEAM IM KINDERGARTEN

Eine Gruppe von sechsjährigen Jungen baut einen Turm aus gleichmäßigen Holzquadern. Der Turm ist bereits größer als sie selbst und soll noch höher werden. Sie haben eine Strategie entwickelt, weiter in die Höhe zu gehen. Die Jungen erproben ihre eigenen Grenzen und die des Materials. Zunächst haben sie eine stabile Sitzbank als Podest benutzt. Als die nicht mehr ausreicht, erhöhen sie die Bank mit Bausteinen. Zum Schluss legt nur noch Philipp weitere Steine auf den Turm.

5.6 Soziale Intelligenz

Stufen, um höher und weiter zu kommen. Auf einen unerfahrenen Beobachter wirkt das Geschehen unsicher und gefährlich: Philipp steht in Socken auf glattem, lose aufgeschichteten Holz. Er arbeitet jedoch sehr behutsam, um das Bauwerk nicht zu gefährden, und sorgt damit auch für die eigene Sicherheit.

TURMBAU-TEAM

Aus den konzentrierten Blicken, dem Hand anlegen, kommentieren, assistieren und zuarbeiten wird deutlich, dass hier ein Team arbeitet. Hier wird die Unterstützung geleistet, die jede Führungskraft braucht. Philipp erkundet und erweitert durch vorsichtiges Hinzufügen immer weiterer Bausteine die Grenzen der Möglichkeiten. Er kommt in diesem Stadium nur sehr behutsam weiter.

Die Kinder haben sich die Aufgabe selbst gestellt. Niemand hat von ihnen verlangt hier und heute in dieser Form ihre Grenzen zu erproben. Der Impuls kommt von innen: Das Großhirn des Menschen, sein Neokortex, ist so angelegt, dass er unbekannte Räume erkunden und seine eigenen Grenzen und die seiner Umwelt erfahren will. Über diese hinaus zu gehen ist der nächste Schritt. Vermutlich ist den Kindern die Idee des „So-hoch-wie-möglich“ erst im Tun gekommen. Es ist die Faszination, etwas zu schaffen, was größer ist und weiter reicht, als die eigenen physischen Grenzen. Die Belohnung liegt im Ergebnis selbst: im erzielten Erfolg, den sich die Kinder vorgestellt haben.

Die Gruppe nutzt das vorhandene Material. Die Sitzbank wird zum Podest, die Bausteine dienen als

Durch ihr Turmbauspiel entwickeln die Kinder ihre Intelligenz. Bewegungs- und Körperintelligenz wird eingesetzt, trainiert und verfeinert im Kontext einer Situation, die die Kinder selbst geschaffen und deren Sinn sie selbst gesetzt haben. Ihre soziale Intelligenz trainieren die Kinder, indem sie kooperieren. Hier hat jedes Kind seine Rolle im Team gefunden. Die Kinder erweitern ihre sprachliche Intelligenz, indem sie sich absprechen, ihr Tun kommentieren und reflektieren. Sie entfalten kreative Intelligenz, indem sie eigene Ideen verwirklichen. Dies geschieht gleichzeitig in einem komplexen, kontinuierlichen Prozess, dessen einzelne Elemente und Schritte in der Praxis nicht voneinander zu trennen sind. Sie sind weder vorhersagbar noch steuerbar oder zu kontrollieren. Der Lernprozess, in dem sich Philipp und sein Team befinden, ist ein chaotischer Prozess, der kurz-, mittel- und langfristige Lernerfolge hat. Diese sind jedoch erst nach Ablauf einer gewissen Zeit erkennbar. Der Versuch, die einzelnen Intelligenzen voneinander zu trennen, sie in linearen Prozessen als „Lernprogramm“ mit einzelnen Schritten anordnen zu wollen, ist für Kinder dieses Alters lernverhindernd.

6.0 Sprachintelligenz

Sprache ist die höchste Form der Intelligenz, über die nur der moderne Mensch, homo sapiens sapiens, verfügt.

Ob sein altertümliches Vorgängermodell, der Neandertaler, sprechen konnte, ist noch umstritten. Unsere nächsten Verwandten im Tierreich, die Menschenaffen, mit denen wir 98% der DNS, eine molekulare Verbindung, die in jeder lebenden Zelle Träger der genetischen Information ist, gemeinsam haben, sind zwar in der Lage, eine einfache Form der Taubstummensprache zu erlernen, doch sprechen lernen können sie nicht. Sprechen kann allein der Mensch, dessen Kehlkopf entsprechend entwickelt ist. Zum Sprechen bedarf es eines differenzierten Zusammenspiels von Kehlkopf, Zunge, Lippen und Muskeln. Allein im Gesicht sind bis zu 86 verschiedene Muskeln daran beteiligt.

Die Fähigkeit Sprache zu verstehen und Sprechen zu lernen ist eine genetische Anlage, mit der jeder Mensch auf die Welt kommt. Damit sich diese Anlage entfalten kann, bedarf es einer Umgebung, in der gesprochen wird. Menschen müssen sich dem Kind zuwenden und mit ihm reden.

Sprache zu lernen ist zunächst ein biologisch-körperlicher Prozess. Dieser beginnt bereits im Mutterleib ab dem siebten Schwangerschaftsmonat, wenn das Gehör des Fötus ausreichend entwickelt ist. Dann reagiert jedes Ungeborene mit winzigen Muskelbewegungen auf die wahrgenommenen Laute. Da diese kulturell und individuell verschieden sind, kommt jedes Kind mit einem einzigartig geprägten, körperlichen Bewegungsmuster auf die Welt, mit dem es auf Sprache reagiert. Davon ausgehend baut das Kind mit seiner Sinneswahrnehmung die für das Verständnis von Sprache erforderlichen Hirnstrukturen auf.

Erwachsene, die sich einem Baby zuwenden, fangen in der Regel intuitiv an mit ihm zu sprechen. Auch das ist ein genetisches Programm, das dem Sprachlernprozess des Kindes dient. Bereits ein Neugeborenes reagiert auf die menschliche Stimme. Die elterlichen Stimmen sind ihm schon vertraut. Etwa mit acht Wochen fängt ein Kind an zu lallen und zu gurren. Es produziert selbst lustvoll Laute. Das ist Teil des Aufbaus seiner Sprachintelligenz. Ohne dieses lustvoll-selbstgesteuerte Üben seiner Stimmbänder, Zunge, Lippen und Gesichtmuskeln könnte es nicht Monate später seine ersten Worte sprechen.

Sprechen lernt das Kind am Modell des Erwachsenen, indem dieser mit ihm spricht. Durch die vielfache, tägliche Wiederholung in konkreten Situationen vermag es einen Zusammenhang herzustellen zwischen der Klangform eines Wortes und der Bedeutung eines Gegenstandes oder einer Handlung.

Sprachintelligenz baut der Mensch nur in einer Beziehung auf und nur durch Kommunikation. Von Medien kann kein Kind sprechen lernen. Im Gegenteil: Fernsehkonsum führt zum Verstummen, zur Bewegungslosigkeit und zum Rückgang familiärer Kommunikation.

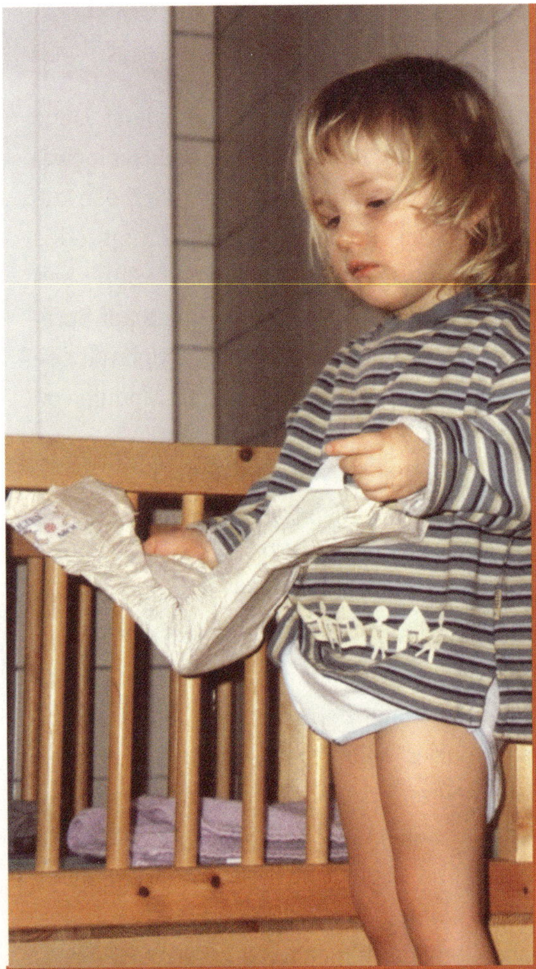

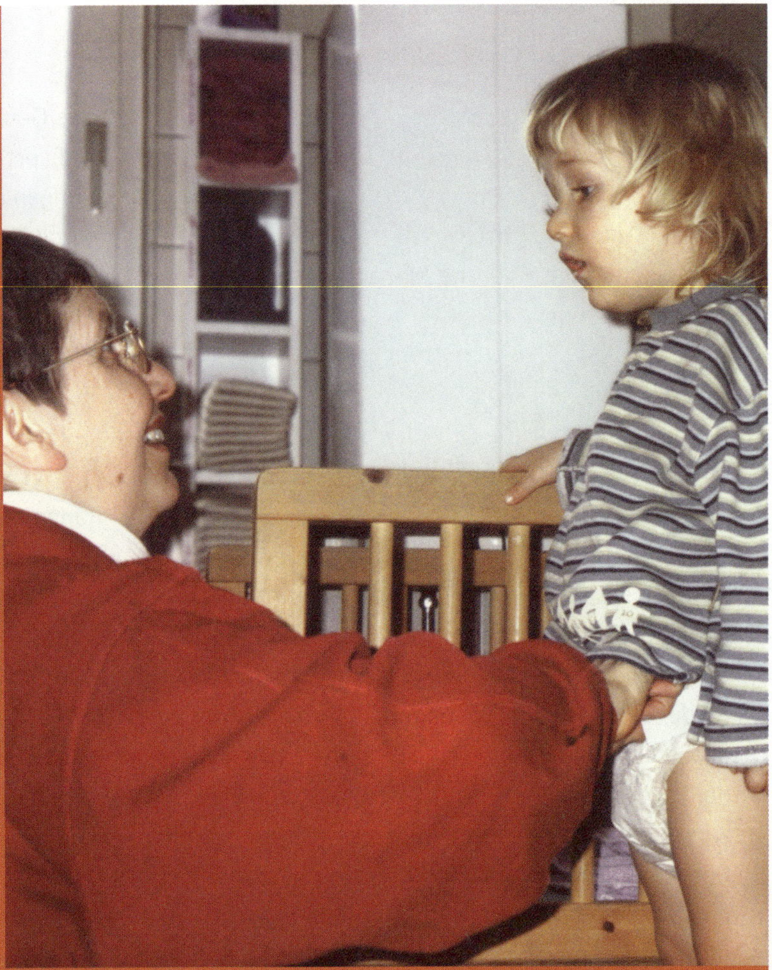

ADRIAN SPRICHT

Windelwechseln ist in der Krippe eine mehrfach täglich wiederkehrende Situation. Adrian, 30 Monate, kennt die einzelnen Schritte und Abläufe genau. Er steht aufrecht auf dem Ankleidetisch und entfaltet seine Windel. Seine Erzieherin lässt ihn machen. In der Krippe gilt der Grundsatz: „Was ein Kind allein tun kann und tun möchte, wird ihm nicht abgenommen." Es ist der natürliche Impuls von Kleinkindern dieses Alters, Handlungen, die sie bei Erwachsenen oder größeren Kindern beobachten, nachzuahmen.

6.1 Sprachintelligenz

ADRIAN

Adrian stellt sich die Aufgabe selbst. Er muss weder motiviert noch angeregt werden. Er trainiert seine Feinmotorik, außerdem sein Verständnis für komplexe Zusammenhänge und Abläufe, indem er diese nachvollzieht. Die Erzieherinnen sind geschult, in jeder Eins-zu-eins-Situation mit einem Kind die Handlung mit Sprache zu begleiten. Es geht dabei nicht um Erklärungen oder Erläuterungen, sondern darum „zu sagen, was man tut". Auf diese Weise erhalten die Kinder vom ersten Tag an ein sprachliches Modell. Sie lernen Begriffe und Zusammenhänge zu verstehen, längst bevor sie selbst anfangen zu sprechen.

Adrian interessiert sich für den Windelverschluss. Sein Interesse wird ernst genommen. Die Erzieherin kooperiert mit ihm. Sie lässt ihm Raum für sein Tun. Die Kooperation findet auch sprachlichen Ausdruck: Während die Erzieherin den Jungen fertig ankleidet, hört sie ihm zu und antwortet ihm. Es ist eine Situation des entspannten Miteinanders.

Grundlegende Voraussetzung dafür ist, dass die Erzieherinnen den Lernimpuls des Kindes wahrnehmen und ihm die Zeit lassen, die beabsichtigte Handlung in seinem eigenen Tempo auszuführen. Hektik und Eile sind lernverhindernd. Natürlich könnte ein Erwachsener die Windel schneller entfalten und auf diese Weise den Arbeitsablauf in der Krippe – zehn bis zwölf Kinder müssen mehrmals täglich gewickelt werden – beschleunigen. Doch was aus der Sicht der Erwachsenen „rationell" ist, heißt dem Kind Lernchancen nehmen. Selbstkompetenz, Teamfähigkeit und Sprachintelligenz werden aufgebaut, wenn das Kind genug Möglichkeiten hat, aktiv zu werden und ins Gespräch zu kommen.

Die tägliche Handlung des Windelwechselns ist Gelegenheit zum Gespräch. Sprachelernen findet im Alltag statt – auch, und insbesondere, beim Windelwechseln. Die Erzieherin benennt jeden Gegenstand, den sie verwendet und sagt, was sie tut. Schon Säuglinge hören aufmerksam zu. Ein Kind, das Sprechen lernt, antwortet, kommentiert und ahmt nach. Es findet in seiner Erzieherin eine Dialogpartnerin und ein Modell für die Sprache.

Sprechen lernen beim Wickeln – das sind im Durchschnitt drei mal sechs Minuten täglich. Innerhalb von drei Jahren summiert sich diese Zeit auf 189 Stunden Sprachlernzeit für jedes Kind. Sprachelernen und Aufbau von Selbstkompetenz beginnen am Wickeltisch.

DREI LESER

Luis, Noah und Carl, zwischen 18 und 26 Monate alt, sitzen nebeneinander auf einer Bank und schauen sich Bilderbücher an. Sie sprechen miteinander über das, was sie sehen und wahrnehmen. Es ist ein Moment intensiver Kommunikation. Luis, im dunkelblauen Pullover links, und Carl, ganz rechts, interessieren sich für das, was in Noahs Buch zu sehen ist. Sie drücken das, was sie wahrgenommen haben, sprachlich aus und verständigen sich darüber.

6.2 Sprachintelligenz

sprachliche Intelligenz auf – selbstgesteuert und aus eigenem Antrieb. In der Kommunikation miteinander entwickeln die Kinder ihre Sprachintelligenz.

DREI LESER

Den Inhalt ihres Gesprächs kennen wir nicht. Vermutlich stellen die drei Vergleiche an: In Carls Buch schiebt ein Mädchen einen Puppenwagen mit einem Teddy und einer Puppe. Luis' aufgeschlagene Seite zeigt ein Kind mit Einkaufswagen, in dem ein Löwe sitzt. Auf beiden Abbildungen wird ein Wagen geschoben, in dem jemand sitzt. Die Kinder erkennen Situationen wieder und benennen diese. Sie entdecken Übereinstimmungen und Unterschiede. Sie vergleichen und sprechen darüber: Zweijährige im Gespräch.

Sprachliche Intelligenz entwickelt sich durch Zuhören und Sprechen. Luis, Noah und Carl bauen

Die Leistung der Erzieherinnen besteht darin, die Voraussetzungen für den Lernprozess der Kinder zu schaffen: den Ort, an dem die Kinder ruhig sitzen können und die Bücher bereit liegen. Die Erzieherinnen sorgen für genügend Zeit und Ruhe im Tagesablauf – nur so können spontane Gespräche unter Gleichaltrigen stattfinden. Luis, Noah und Carl brauchen in dieser Situation keine weitere Unterstützung. Sie spüren die Präsenz der Erzieherinnen. Als Bezugspersonen bilden diese in der Krippe die sichere Beziehungsbasis. Und auf dieser Grundlage können sich die Kinder ihrer Umgebung – hier sind es die Bücher – mit Interesse zuwenden.

In der Krippe bilden die Erzieherinnen das Sprachmodell für die Kinder. In den alltäglichen Versorgungssituationen – Essen, An- und Ausziehen, Windelwechseln, Schlafengehen, Aufwachen, Ankommen und Abschiednehmen – begleiten die Erzieherinnen, soweit als möglich, jede ihrer Handlungen mit Sprache. Auf diese Weise lernen Kinder, deren Muttersprache nicht die Landessprache ist, und Kinder, die von ihren Eltern wenig Ansprache erleben, diese innerhalb weniger Monate. Es bedarf einer qualifizierten Ausbildung der Erzieherinnen und guter Zusammenarbeit im Team, damit die Potenziale der Alltagssituationen für den Aufbau von Sprachintelligenz genutzt werden.

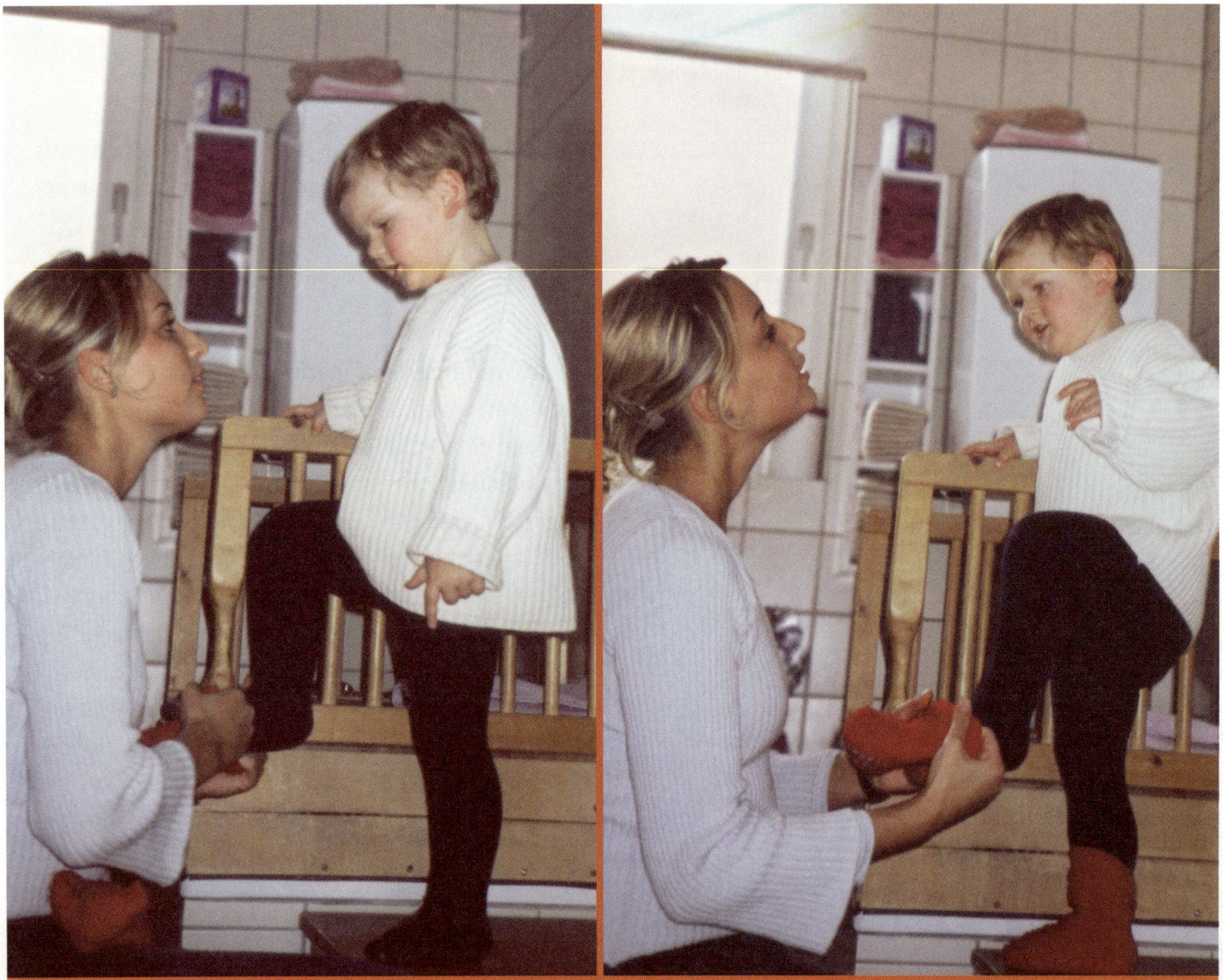

LINUS IM GESPRÄCH

Der zweijährige Linus im Gespräch mit seiner Erzieherin: Er steht auf einem Anziehtisch, während sie bequem auf einem Hocker davor sitzt. Beide sind einander zugewandt. Linus spricht und seine Erzieherin hört ihm zu, während sie ihm den rechten Socken überstreift.

6.3 Sprachintelligenz

Linus steht aus eigener Kraft sehr aufrecht. Er stützt sich nur mit dem rechten Unterarm auf das Gitter des Wickelplatzes daneben, um sein Gleichgewicht auszubalancieren. Kind und Erzieherin wirken entspannt und miteinander vertraut. Worüber die beiden sprechen, wissen wir nicht. Doch es scheint nicht um das Anziehen zu gehen. Dies ist eine sich täglich wiederholende Situation, die keiner besonderen Aufmerksamkeit bedarf. Kind und Erzieherin sind ein eingespieltes Team.

LINUS

Es ist Raum für Kommunikation. Linus hat etwas zu sagen. In seiner Erzieherin findet er eine aufmerksame und zugewandte Zuhörerin. Sie ist interessiert und fragt nach. Im Gespräch entwickelt Linus seine sprachliche Intelligenz – in einer alltäglichen Situation, in der ihm die wache Aufmerksamkeit seiner Bezugsperson sicher ist.

CHARLOTTE LIEST

Charlotte, 20 Monate, sitzt in der geöffneten Schublade eines niedrigen Schrankes. Vor ihr liegt ein Bilderbuch. Aufmerksam und konzentriert betrachtet das Mädchen die aufgeschlagene Seite. Eine winterliche Szene mit Tieren ist zu sehen. Mit der linken Hand hält Charlotte den Buchdeckel, mit ihrer Rechten fixiert sie, nur mit einem Finger, das Buch. Ihre Körperhaltung drückt entspannte Konzentration aus. Charlotte trägt einen Pullover, es ist Winter. Die Szene des Bilderbuchs hat eine Verbindung zu Charlottes Realität.

6.4 Sprachintelligenz

Das Mädchen hat einen ungewöhnlichen Platz gewählt: eine Schublade in etwa 80 Zentimeter Höhe. Die Erzieherinnen lassen Charlotte gewähren. Der niedrige Schrank ist absolut „kindertauglich", zum Beklettern geeignet. Da Charlotte ihre Bewegungen aus eigener Kraft und im eigenen Tempo entwickeln durfte, ist sie motorisch sehr sicher. In der Krippe wurde sie niemals in Körperhaltungen und Situationen gebracht, die sie nicht aus eigener Kraft wieder verlassen konnte. Daher Charlottes große motorische Sicherheit. Die Erzieherinnen kennen Charlottes bereits entwickelte Bewegungsintelligenz sehr genau und wissen, dass ihr jetzt keine Gefahr droht. Die Schublade ist gesichert, Charlotte kann den Platz jederzeit wieder verlassen, wenn sie das möchte.

CHARLOTTE

Charlotte hat als Leseplatz ihre eigene Schublade gewählt: Im Gruppenraum hat jedes Kind eine Eigentumsschublade. Dort werden seine persönlichen Gegenstände – Schnuller oder Nuckeltuch, Kuscheltier oder Spielzeug – immer dann aufbewahrt, wenn das Kind sie gerade nicht braucht. Auf diese Weise sind die vertrauten Gegenstände jederzeit in Reichweite des Kindes. Diese Ordnung im Gruppenraum hilft dem Kind, Unterscheidungen zu treffen zwischen dem, was ihm ganz persönlich gehört, und dem, was in der Krippe alle benutzen dürfen. Die klare Ordnung gibt den Kindern Sicherheit und Orientierung.

Charlotte hat sich auf sich selbst zurückgezogen. Dorthin, wo nur Dinge Platz haben, die ihr selbst gehören. Sie ist ruhig und entspannt. Bilder sind Symbole. Symbolisches Denken entwickelt jedes gesunde Kind ab dem Alter von sechs Monaten. Nur mit der Fähigkeit zum symbolischen Denken ist eine vollständige Integration in unsere Kultur möglich. Alle Kulturtechniken beruhen auf der Fähigkeit, die Bedeutung von Symbolen zu verstehen und sie zur Kommunikation zu nutzen.

Indem Charlotte Bilder betrachtet und Dinge und Situationen wieder erkennt, die in ihrer Wirklichkeit vorkommen, trainiert sie ihr symbolisches Denken. Durch diese Auseinandersetzung mit Bildsymbolen erwirbt ein Kind im Laufe der Zeit die Fähigkeit, auch abstraktere Symbole wie Buchstaben oder Zahlen zu verstehen. Indem Charlotte die Bilder betrachtet, versucht sie, Symbole zu entschlüsseln. Ihr Gehirn baut Verständnisstrukturen auf. Für diesen Prozess braucht der menschliche Organismus soviel Energie, dass der Körper in eine entspannte Ruhestellung geht. Aus diesem Grund verhält sich ein konzentrierter Leser in der Regel vollkommen ruhig. Es ist eine Disziplin, die von innen kommt und dem Aufbau von neuronalen Verständnisstrukturen dient. Lernen mit von außen aufgezwungener Disziplin kann niemals den gleichen Erfolg haben wie Lernen aus eigenem Entschluss. Das Betrachten von Bildern ist ein Schritt zum Aufbau sprachlicher Intelligenz. Und das Benennen von Bildern ist ein weiterer.

HANDLUNGEN KOORDINIEREN

Lasse, in der Mitte, spricht; Ole, links, und Timo, rechts, hören zu. Vermutlich verständigen sie sich über den weiteren Verlauf des Spiels. Sie scheinen sich geeinigt zu haben, denn sie koordinieren ihr Verhalten: Jeder hebt seinen Roller über die Baumstämme. Ole hat seinen Roller als erster geparkt. Er steht jetzt auf den Baumstämmen und schaut in die Ferne. Seine Körperhaltung signalisiert gespannte Aufmerksamkeit. Das Spiel geht weiter. Die Jungen sind sich einig geworden, was sie als nächstes tun werden.

6.5 Sprachintelligenz

Drei Jungen, um die zweieinhalb bis zweidreiviertel Jahre alt, im Gespräch: Sie spielen im Außengelände der Krippe, das mit großen Steinen und Baumstämmen gestaltet ist. Letztere haben offenbar eine Bedeutung im symbolischen Spiel der Kinder.

Jeder Junge hat einen Roller. Welche Funktion die Fahrzeuge haben und worum es in diesem Spiel geht, ist nicht erkennbar. Deutlich wird jedoch, dass die Jungen innehalten.

HANDLUNGEN KOORDINIEREN

Ihre Sprachintelligenz ist bereits soweit entwickelt, dass sie mit Sprache ihr Verhalten koordinieren können. Sie haben solange miteinander gesprochen, bis klar war, was die nächste Spielhandlung sein sollte.

Indem die Kinder Verabredungen treffen, bauen sie in einem selbstgesteuerten sozialen Prozess ihre Sprachintelligenz auf. Diese umfasst mehr als nur Sprechen können. Mit Sprache koordinieren Menschen ihr Verhalten. Der Zusammenhang von Bewegungs-, Körper- und Sprachintelligenz sowie sozialer Intelligenz wird bei der Verabredung der drei Jungen zum Spiel deutlich.

SPRECHEN LERNEN IM ROLLENSPIEL

Verkäuferin Emily hört Kundin Lucie aufmerksam zu. In einer Hand hält sie eine Gebäckzange, in der anderen eine Tüte. Lucie unterstreicht ihren Kaufwunsch mit einer eindeutigen Geste.

6.6 Sprachintelligenz

Emily und Elias, beide etwa drei Jahre alt, mit der sechsjährigen Lucie im Kaufmannsladen-Rollenspiel: Die beiden Dreijährigen tragen Schürzen, was ihre Rolle als Verkäufer kennzeichnet. Der Kaufmannsladen ist mit einer Original-Gemüsewaage und einer echten alten Registerkasse ausgestattet.

Der Vorgang des Geldwechselns ist zu komplex, als dass eine Dreijährige ihn durchschauen könnte. Ein Verständnis für die Zahlensymbole und das Rechnen damit hat sie noch nicht entwickelt.

In dieser Situation wird deutlich, dass die Entwicklung von Sprachintelligenz auch ein körperlicher Vorgang ist und die Entwicklung der entsprechenden Bewegungsintelligenz voraussetzt. Die Kinder lernen Sprache im Tun. Sie ahmen die Handlungen der Erwachsenen, die sie beobachten, ebenso nach, wie die entsprechenden Worte und Sätze.

SPRECHEN LERNEN

Sprachintelligenz baut sich selbstgesteuert auf, wenn die Kinder über die notwendigen Handlungsspielräume verfügen, die Umgebung mit den entsprechenden Rollenspiel-Materialien ausgestattet ist und sich Mitspieler spontan und aus Lust am Spiel einfinden. Fehlt diese Möglichkeit des spontanen spielerischen Handelns, ist auch der Prozess der Entwicklung von Sprachintelligenz gestört. Angeleitete Übungen mit didaktischem Sprachmaterial sind Hilfskonstrukte zur Kompensation von Defiziten. Den spontanen, selbstgesteuerten Prozess des Aufbaus von Sprachintelligenz im Spiel können sie niemals ersetzen.

>>

SPRECHEN LERNEN IM ROLLENSPIEL

Nachdem die Kundin die Ware erhalten hat, geht es um das Bezahlen. Beide Mädchen sprechen miteinander. Sie begleiten ihre Handlungen mit den entsprechenden Worten und Sätzen.

SPRECHEN LERNEN IM ROLLENSPIEL

Elias steht nun neben Emily, die zunächst allein an der Kasse hantiert hat. Er beteiligt sich am Kassieren. Emily spricht in ihrer Rolle als Kassiererin. Ihre rechte Hand hat sie auf ihren Brustkorb gelegt, mit Zeigefinger und Daumen weist sie auf sich selbst. Ihr Sprachhandeln ist von einer klaren Körpersprache begleitet.

DOMINIK UND LASSE SCHAFFEN SICH SYMBOLE

Lasse hat sich je einen roten und einen blauen Ring über seine Arme auf die Schultern gestreift und hält einen blauen Ring in der linken Hand. Dominik hat sich zwei Ringe über die Handgelenke gezogen. Er blickt Lasse an und hört intensiv zu. Wenig später ist Lasse aus dem Korb auf die Matte gewechselt. Dominik, entspannt zurückgelehnt, beobachtet aufmerksam, wie Lasse versucht, zwei Ringe passgenau aufeinander zu bringen. Dabei ist Lasses ganze Konzentration gefordert. Sein geöffneter Mund und die leicht heraushängende Zunge weisen darauf hin.

Dann ist Lasse wieder in den Korb zurückgekehrt und hört nun Dominik zu. Jeder Junge hat jetzt drei Ringe: Lasse trägt zwei rote auf den Schultern, Dominik streift sich zwei blaue Ringe über die Arme.

6.7 Sprachintelligenz

Deutlich wird, dass die farbigen Ringe eine Rolle darin spielen. In diesem Moment liegt die Hauptbewegung des Spiels auf der feinmotorischen und der sprachlichen Ebene.

Es wird nicht klar, was diese Ringe im Spiel bedeuten. Nur Dominik und Lasse wissen, wofür die Dinge und deren Farben stehen. Die Kinder haben sich den Sinnzusammenhang ihres Tuns selbst geschaffen. Wer nicht mitspielt, hat keinen Zugang zur Symbolik des Spiels – es sei denn, die Akteure hätten sie eingeladen und eingeweiht. Die Ringe sind Symbole. Sie stehen für etwas, worüber sich die beiden Mitspieler verständigt haben. Die sprachliche Intelligenz der beiden Fünfjährigen ist soweit entwickelt, dass sie gemeinsame Symbole definieren und damit ihr Spiel gestalten können.

DOMINIK UND LASSE

Zwei Fünfjährige spielen im Bewegungsraum. Sie sitzen auf dem Boden: Dominik auf einer Matte, Lasse in einem Korb. Der Inhalt des Spiels ist nicht überliefert.

Im Spiel bauen Dominik und Lasse sprachliche Intelligenz auf. Sie erfinden eine komplexe Handlung und schaffen ihre eigenen Symbole. Die Jungen sprechen miteinander und hören sich gegenseitig zu. Nur weil sie diese Ebene der Sprachintelligenz schon entwickelt haben, können sie ihr Handeln abstimmen und auf diese Weise den Spielverlauf gestalten. Die Sprache ist in dieser Phase des Spiels die zentrale Ebene ihres Handelns. Die Kinder sind sich gegenseitig Dialogpartner und entwickeln dabei ihre Sprachintelligenz. Raum für ungestörtes freies Spiel ist gleichzeitig Raum für den kreativen Gebrauch von Sprache und den Aufbau von Sprachintelligenz.

MERLE VERGLEICHT

Merle hat die Aufgabe „gelesen". Sie hat die Symbole entschlüsselt und weiß nun, wie die Regeln des Spiels lauten. Zwei Gewichte hat sie auf die entsprechenden Symbole der Arbeitsanweisung gestellt. Damit hat sie den Symbolen eine Bedeutung zugeordnet. Das dritte Gewicht hat Merle auf die linke Waagschale gelegt, auf die rechte platziert sie einzelne Knöpfe. Ihre Aufgabe besteht darin herauszufinden, wie viele Knöpfe zusammen 20 Gramm wiegen. Für jeden Knopf, den sie auf die Waage legt, macht Merle einen Strich auf dem Papier. Damit symbolisiert sie je einen Knopf. Später wird sie die Striche nachzählen und die Knöpfe ebenfalls. Wenn sie schon Zahlen schreiben kann, wird sie versuchen, das Endergebnis in Ziffern zu notieren.

6.8 Sprachintelligenz

Merle sitzt an einem Tisch – vor sich eine Waage, Kästen mit bunten Knöpfen und Kastanien sowie ein Blatt mit Symbolen. Merle ist Vorschulkind. Sie kann noch nicht lesen, wohl aber Symbole erkennen und verstehen. Dazu zählen die Ziffern eins bis zehn und die Buchstaben ihres Namens. Auf den Zeichnungen erkennt sie Waage und Gewichte.

Merle arbeitet konzentriert und entspannt. Ihre Feinmotorik und ihre Koordination sind so weit entwickelt, dass sie eine Hand zum Schreiben nutzen kann, während sie mit der anderen einen Knopf nimmt. Ihr Mund ist halb geöffnet, die Zunge nach vorn geschoben. Diese charakteristische Mimik signalisiert auch bei erwachsenen Menschen eine hohe Konzentration.

MERLE

Die Auswahl des Materials und seine Präsentation sind auf die Entwicklungsbedürfnisse von Vorschulkindern abgestimmt: farbige Gebrauchsgegenstände und Naturmaterialien in stabilen Kästen und eine massive Küchenwaage, außerdem die symbolische Darstellung der „Spielregeln", die Sechsjährige ohne weitere Hilfe von Erwachsenen „lesen" können. Darin steckt ein hohes Maß an Überlegung und Vorbereitungsarbeit der Erzieherinnen.

Merle hat sich ihre Aufgabe selbst gewählt. Niemand hat ihr gesagt, was sie tun soll. Doch die Waage und das zugehörige Material standen gut greifbar in Augenhöhe an dem Platz, der für derartige Experimente vorgesehen ist. In der Lernwerkstatt des Kindergartens, wo sich Vorschulkinder wie Merle jeden Tag bis zu zwei Stunden aufhalten dürfen, wählen sich die Kinder ihre Aufgaben selbst. Diese sind mit Bildsymbolen so gekennzeichnet, dass die Kinder keine weiteren Erläuterungen von Erwachsenen brauchen. Merle erarbeitet sich die Entschlüsselung von Symbolen. Sie ist dabei selbstständig aktiv, geleitet von ihrem Interesse. Dass in unserer Kultur Symbole zur Verständigung benutzt werden, wissen Sechsjährige bereits. Sie haben daher ein großes Interesse, die Bedeutung zu verstehen und die Symbole wie Erwachsene zu nutzen.

Indem sie mit Symbolen hantiert, baut Merle sprachliche Intelligenz auf: Sie erzeugt und entschlüsselt Symbole. Indem sie die Knöpfe wiegt und auf diese Weise zwei Mengen miteinander vergleicht, entwickelt sie auch Verständnis für mathematische Logik. Merle sammelt Erfahrungen mit Vergleichen und dem dafür notwendigen Messinstrument Waage. Sie erarbeitet sich ein Verständnis für das Symbol „=". Durch den Gebrauch der Waage wird es ihr vertraut. Merle lernt die Bedeutung von Symbolen durch aktives Tun und Sammeln von konkreter, praktischer Erfahrung. Sie „be-greift" im wahrsten Sinne des Wortes den Zusammenhang von Symbol und Wirklichkeit.

7.0 Intelligenzaufbau – ein mehrdimensionaler Prozess

Der Aufbau der unterschiedlichen Intelligenzen geschieht gleichzeitig in einem mehrdimensionalen Prozess.

So bauen sich z.B. Bewegungs- und soziale Intelligenz oft gleichzeitig auf mit Sprachintelligenz, oder metabolische Intelligenz gleichzeitig mit kreativer Intelligenz. Für die Komplexität dieses Prozesses stehen die in diesem Kapitel gesammelten Beispiele. Sie belegen auch die Aussichtslosigkeit von Versuchen, solche Lebensprozesse durch lineare, didaktische Arrangements zielgerichtet, im Sinne eines Lernziels, steuern zu wollen. Wie das Gehirn selbst, das keinen „Chef" kennt, sondern selbstorganisierend arbeitet und sich bis ins hohe Alter immer wieder neu verschalten, d.h. weitere Intelligenzen aufbauen kann, organisiert sich auch der Prozess des kindliche Intelligenzaufbaus selbst – von inneren Impulsen des jungen Menschen ausgelöst, gemäß seinen Entwicklungsbedürfnissen in Auseinandersetzung mit seiner Umgebung.

Weil der Prozess so mehrdimensional komplex ist, wird er häufig als chaotisch und ungeordnet wahrgenommen und dann als kindliches Spiel abqualifiziert. In Wahrheit handelt es sich dabei um hochkomplexe Lernprozesse, die sich dem Versuch, sie linear zu organisieren, entziehen. Dies gilt nicht nur für die Intelligenzaufbauprozesse von Kindern, sondern auch für die von Erwachsenen. Unternehmen, die in Zukunft bestehen wollen, haben dies längst begriffen und lassen ihren Mitarbeitern Raum, ihre Arbeitsprozesse innerhalb eines Rahmens selbst zu organisieren. Was für den Blick von außen als Chaos erscheint, ist in Wahrheit ein effizienter, allerdings hochkomplexer Prozess. Die folgenden Ausschnitte aus der Praxis von Krippe und Kindergarten sind Einblicke in die Zukunft des Lernens.

RAVENS RADEXPERIMENT

Raven, knapp drei Jahre alt, sitzt auf einem umgekehrten Dreirad. Er gibt dem Vorderrad mit der linken Hand Schwung und beobachtet, was passiert: Raven experimentiert. Sein Versuchsarrangement ist zufällig. Er hat beobachtet, wie das Vorderrad sich weiter bewegt, nachdem das Fahrzeug umgekippt ist. Nun hat er es sich bequem gemacht und versucht, den Dreheffekt absichtlich herbeizuführen. Sein Versuch gelingt.

7.1 Intelligenzaufbau

Der Erfolg reizt Raven zur Wiederholung. Immer wieder vergewissert er sich, dass er der Verursacher des Effektes ist. Raven erprobt seine Selbstwirksamkeit.

Raven ist dabei, sich die Begriffe von Ursache und Wirkung zu erarbeiten. Dass diese Ausdrücke in seinem aktiven Wortschatz noch nicht vorkommen, ist dabei unerheblich. Ravens Verstehen geschieht auf der Ebene des konkreten Erlebens. Mit seinem Körper und seinen Sinnen sammelt er Erfahrungen. Seine Bewegungsintelligenz ist soweit entwickelt, dass er das Rad in seinem Sinne manipulieren kann. Aus der großmotorischen Bewegung – Fahren mit dem Dreirad – ist er spontan in die gezielte Beobachtung und das Experiment gewechselt. Dazu nutzt er seine feinmotorische Bewegungsintelligenz.

Seine kreative Intelligenz treibt ihn dazu, einem Phänomen, das ihn interessiert, auf den Grund zu gehen. Er nutzt das Dreirad zu anderen Zwecken, als von den Erwachsenen vorgesehen. Neugier und Interesse treiben ihn dazu. Die Freude an seinem Tun steht ihm ins Gesicht geschrieben, seine Körperhaltung drückt entspannte Konzentration aus. Raven nutzt seine bereits entwickelte Intelligenz, um über seine Grenzen hinauszugehen.

Ravens feinmotorische Intelligenz ist so weit entwickelt, dass er seine Absicht verwirklichen kann. Er begreift „Ursache“ und „Wirkung“ auf einer konkret-sinnlichen Ebene, mit seinem Körper. In einem späteren Entwicklungsstadium wird Raven die abstrakten Begriffe verstehen, weil sie sein konkretes Erleben sinnvoll ordnen. Abstrakte Begriffe dienen dazu, die erlebte konkrete Vielfalt der Wirklichkeit zu begreifen und zu gestalten.

RAVEN

TROMMELN IM TEAM

Clara hält einen grünen Kegel in ihrer Rechten und schlägt damit auf einen Karton, der senkrecht vor ihr steht. Ihr Gesicht drückt Konzentration und Freude aus. Unterdessen bringt Paula ihre „Trommel" in die richtige Position. In jeder Hand hält sie einen Kegel, während sie gleichzeitig den Karton bewegt. Ihr geöffneter Mund und die angespannte Zunge verraten ihre zielgerichtete Konzentration. Sie bringt das, was sie für ihr Experiment braucht, in die von ihr geplante Ordnung. Auch Claras Gesicht spiegelt Spannung: Sie versucht einen grünen Kegel richtig zu fassen. Dazu benötigt sie beide Hände.

7.2 Intelligenzaufbau

TROMMELN IM TEAM

Clara, Paula und Pascal, drei Kinder im Alter zwischen zweieinviertel und drei Jahren, spielen auf dem Flur der Krippe, der als eigenständiger Spielbereich genutzt wird. Sie hantieren mit Bananenkartons und großen, leichten Kegeln aus Plastik. Die Kinder haben entdeckt, dass sie damit Geräusche produzieren können. Mit großer Lust und Konzentration trommeln sie auf den Kartons.

Clara und Paula experimentieren jeweils für sich mit dem gleichen Material: Sie haben herausgefunden, wie sie Kartons als Trommeln nutzen können. Das Geräuschemachen bereitet ihnen große Freude. Sie erleben sich selbst als „Verursacherinnen“. Während die gut zwei Jahre alte Clara noch mit einer Hand trommelt, kann Paula schon Bewegungen beider Arme und Hände koordinieren und damit einen größeren Effekt erzielen. Auch der dreijährige Pascal trommelt schon beidhändig. Paula und Pascal sind auch in der Lage, ihre Handlungen aufeinander abzustimmen: Sie versuchen auf einem Karton gemeinsam zu trommeln.

Alle drei Kinder sind mit dem jeweils eigenen Experiment beschäftigt. Dennoch ist ihr Tun auch ein gemeinsames. Ihre Kooperation ist freiwillig. Sie variieren ihre individuellen Experimente und beziehen sich aufeinander. Die Kinder erleben lustvoll, wie sich gemeinsam der Effekt steigern lässt. Sie beobachten und imitieren – eine typische Lernstrategie in diesem Alter. Clara, Paula und Pascal entwickeln ihre Bewegungs-, Köper- und Sinnesintelligenz, ebenso ihre soziale und ihre kreative Intelligenz.

EXPERIMENTE MIT DER SCHWERKRAFT

Jury, zweieinhalb Jahre, lässt einen Ball auf dem Brett rollen. Vermutlich hat er schon oftmals einen Ball kullern sehen und vielleicht auch damit experimentiert. Jury entdeckt, wie der Ball sich auf dem Brett anders verhält als auf dem Rasen. Sein Tun weckt das Interesse der anderen. Er lässt sie mitmachen.

Den nächsten Versuch führt der knapp dreijährige Anton durch. Linnhard schaut zu. Die Kinder erleben, wie der Ball die beabsichtigte Bahn verlässt. Jury, jetzt in der Rolle des Assistenten, stoppt den Ball. Später nutzt Linnhard das Brett als Rampe. Auf allen Vieren klettert er darauf den Hang hinauf.

7.3 Intelligenzaufbau

JURY, ANTON UND LINNARD

Drei Jungen auf einem Hang mit Bällen und einem Brett: Einer von ihnen hat es dorthin geschleppt. Es ist Sommer, die Kinder laufen barfuss. Das unebene Gelände bietet ihnen große Herausforderungen und vielfältige Bewegungsmöglichkeiten. Was Erwachsenen als kleine Bodenunebenheit erscheint, ist für Kleinkinder ein steiler Hang. Die Kinder experimentieren mit der Schwerkraft. Sie erleben, wie Dinge sich in verschiedenen Kontexten unterschiedlich bewegen; sie erkunden verschiedene Bewegungsarten auf dem Brett am Hang. Auf diese Weise wird die Schwerkraft für sie zu einer körperlich-sinnlichen Erfahrung, lange bevor sie den physikalischen Begriff kennen und verstehen lernen. Wenn das einmal der Fall sein wird, werden sie ihn mit der Fülle ihrer konkreten Bewegungserlebnisse in Verbindung bringen können. Die mathematischen Symbole, die sie dafür lernen, werden für sie dann nicht abstrakt und leer sein, sondern gefüllt mit reicher, konkreter Erfahrung.

Jury, Linnhard und Anton entwickeln in ihrem Spiel mit Ball und Brett ihre Bewegungsintelligenz – großmotorisch, indem sie mit dem eigenen Körper experimentieren; feinmotorisch, indem sie den Ball rollen lassen. Gleichzeitig bauen sie kreative und soziale Intelligenz auf. Sie erfinden ihre eigenen Spiele, die sie gemeinsam spielen.

Solche Lernchancen werden Kindern vorenthalten, die didaktisch angeleitet werden. Was als erfolgreiche Förderung erscheint, nimmt ihnen die Möglichkeit, Selbstwirksamkeit zu erleben und aus eigener Kraft zu wachsen. Intelligenz entwickelt sich in einem komplexen, mehrdimensionalen Prozess: Kreative, soziale Intelligenz und Bewegungsintelligenz bauen sich gleichzeitig auf. Steuerndes Eingreifen von Erwachsenen ist eine Störung des natürlichen Wachstumsprozesses.

SHIRIN UND BASSIM ERLEBEN WASSER

Shirin, anderthalb Jahre, und Bassim, knapp drei Jahre, experimentieren mit Wasser. Es ist Hochsommer, beide sitzen im Schatten. Bassim hockt vor Shirin und gießt aus einer kleinen Kanne Wasser auf ihr Bein. Das Mädchen lässt es geschehen, es ist interessiert und entspannt. Shirin spürt die Kühle und die Bewegung des Fließens. Das Wasser auf der Haut ist in diesem Moment offenbar eine angenehme Erfahrung.

7.4 Intelligenzaufbau

Shirin hat an Armen und Beinen Spuren von feuchtem Sand. Sie beobachtet aufmerksam, wie Bassim einen Strahl klaren Wassers auf ihren Fuß gießt. Sie erlebt, wie der Sand sich durch den Wasserstrahl löst und wie sich damit ihr Fuß verändert. Dann beobachtet sie, wie Bassim sich Wasser auf seine Hand gießt.

SHIRIN UND BASSIM

Shirin erlebt die Qualitäten des Wassers. Die Worte „kalt", „kühl", „flüssig" oder „nass" kann sie noch nicht sprechen, doch sie hat sie schon gehört, vermutlich sowohl in ihrer Muttersprache als auch auf Deutsch. Beide Kinder sammeln Erfahrung mit der Bedeutung dieser Begriffe. Sie erleben die Eigenschaften des Wassers mit dem eigenen Körper. Andere Qualitäten des Elements haben sie bei anderen Gelegenheiten – in der Badewanne zu Hause oder mit einem Glas Wasser zum Trinken – bereits erlebt. Alltagserfahrungen, die sich von diesem aktuellen Erlebnis unterscheiden. Der Begriff „Wasser" wird mit sinnlichen Erlebnissen gefüllt, lange bevor das Kind das Wort kennt. Wenn Shirin die Worte „flüssig" oder „nass" später lernt, kann sie diese innerhalb kurzer Zeit als „sinnvoll" begreifen, d.h. sie kann sie mit ihrem Erleben der Wirklichkeit in Verbindung bringen. Die Entwicklung dieser Körper- und Sinnesintelligenz ist die Grundlage für den Aufbau von Sprachintelligenz. Ohne das konkrete Erleben, die vielfache und wiederholte Erfahrung, bleiben die Worte leer. Sprache kann nur dann zur Koordination von Handlungen genutzt werden, wenn ihre Bedeutung klar ist, wenn das Kind Worte und Begriff mit sinnvollen Erlebnissen in Verbindung bringen kann.

Schütten und Gießen, Füllen und Ausleeren – alles Hantieren mit Gefäßen ist für Kleinkinder von großem Interesse. Sie erleben die Qualitäten von „voll" und „leer", „innen" und „außen"; sie erfahren, wie sich feste und flüssige, körnige und feine Stoffe unterschiedlich verhalten und sich verändern, wenn man sie vermischt. Das auf den ersten Blick „sinnlose" Spiel ist für das Kind eine absolut „sinnvolle" Tätigkeit: Es ist mit allen seinen Sinnen hochkonzentriert bei der Sache; es füllt seine Sinne mit Erlebnissen, seine Erfahrungen werden im Körper- und den dafür zuständigen Hirnsystemen gespeichert.

Die in ihre Erfahrungen vertieften Kinder machen deutlich, dass der Aufbau von Sinnes- und Gefühlsintelligenz gleichzeitig die Entwicklung von Beziehungsintelligenz bedeutet. Shirin erlebt durch das Wasser auch ihre Körpergrenzen. Qualitäten können nur mit den eigenen Sinnen und mit dem eigenen Körper erlebt werden, d.h. in Beziehung zu sich selbst. Eine gute Beziehung zu sich selbst ist Voraussetzung dafür, mit anderen in Beziehung treten zu können. Die Fülle von Sinneserlebnissen ist eine Bedingung dafür, Erfahrungen voneinander unterscheiden zu können. Das ist eine der Voraussetzungen für den Aufbau von Sprachintelligenz.

AARON ZÄHLT

Aaron befestigt Korken aneinander mit Nägeln und Kleber. Der Fünfjährige hat jeweils so viele Korken miteinander verbunden, wie es den einfachen Grundzahlen entspricht: zwei, drei, vier, fünf, sechs, sieben und zehn.

7.5 Intelligenzaufbau

Aaron an der Werkbank: Seinen „Werkbank-Führerschein“ (siehe S. 27) hat er in der Tasche. Deswegen darf er hier selbstständig arbeiten.

Der Fünfjährige erarbeitet sich ein Symbolsystem seiner Kultur: die Zahlen. Er begreift die Zahlen mit den Sinnen. Handliche Alltagsgegenstände dienen ihm als Material, um Zahlen in selbsterfundenen Symbolen als sinnlich erfahrbare Körper räumlich darzustellen. Das Aussprechen der Zahlennamen beherrscht Aaron längst, auch die richtige Reihenfolge. Doch von dieser sprachlichen Nachahmung bis zum wirklichen Begreifen und sinnvollen Nutzen des Symbolsystems bedarf es eines langen Entwicklungsprozesses, der Jahre dauert.

Aaron schafft sich mit seinen Händen und seiner bereits entwickelten Bewegungs- und Sinnesintelligenz eigene Symbole, die er im wahren Sinne des Wortes be-greifen kann: in die Hand nehmen und sie fühlen, tasten, riechen und sehen. Aaron beherrscht sie, weil er sie selbst geschaffen hat.

AARON

Ein echtes Verständnis für das Symbolsystem der Zahlen wird möglich, wenn sich im Gehirn die Bewegungs-, die Sinnes- und die Sprachebene miteinander verknüpfen – also eine Verbindung zwischen Retikulärsystem, limbischem System und Neokortex aufgebaut wird. Dies geschieht in einem allmählichen Wachstums- und Lernprozess, der viele Wiederholungen und Variationen erfordert. Dieser Prozess ist dann am nachhaltigsten, wenn er vom Kind aus eigenem Antrieb begonnen und von ihm selbst gesteuert wird. Das Verstehenwollen der von den Erwachsenen genutzten Symbolsysteme, also das Einschwingen in die Kultur, sowie die Nachahmung von beobachtetem Verhalten sind mächtige Impulse, die das Kind zu seinem selbstgesteuerten Lernprozess antreiben.

In diesem Prozess des Begreifens einer zentralen Symbolsprache seiner Kultur nutzt Aaron eine Vielzahl seiner bereits entwickelten Intelligenzen. Nur wenn er mit seinen Sinnen – hier arbeitet er mit Tastsinn und Sehsinn – die Zahlensymbole begriffen hat, kann er später sinnvoll mit ihnen operieren und Mathematik als Symbolsprache mit echtem Verständnis nutzen.

Wenn Aaron in einem Jahr zur Schule kommt, hat er bereits einen Begriff von Zahlen. Dort wird er üben, Zahlenzeichen mit einem Stift zu Papier zu bringen – ein weiterer Schritt, das Symbolsystem der Zahlen zu begreifen.

Aaron hat sich eine Aufgabe gestellt, die er selbstständig löst. Er lernt lustvoll und konzentriert in einem selbsterfundenen Spiel. Der Fünfjährige ist kreativ. Den abstrakten Zahlennamen ordnet er handliche, selbstgeschaffene Korkenpakete zu. Aaron produziert sein eigenes Lernmaterial. Er lernt aktiv in einem komplexen, selbstgesteuerten Prozess, in dem mehrere Intelligenzebenen gleichzeitig aufgebaut werden. Der Junge nutzt eine Vielzahl seiner bisher entwickelten Intelligenzen, um sein Verständnis der Zahlensymbole zu erweitern.

AARON ZÄHLT

Aarons selbstgebaute Korkenpakete symbolisieren Zahlen. Die Zahlen von zwei bis sieben und die Zehn hat er schon fertiggestellt. Die Eins ist ihm als erlebte Wirklichkeit und als Grundeinheit der übrigen Zahlen offenbar so selbstverständlich, dass sie jetzt keiner Symbolisierung bedarf.

AARON ZÄHLT

Aaron übt zählen. Um seinen Korkenpaketen die Zahlen zuzuordnen, nutzt Aaron sowohl Körpersprache – er zeigt mit dem Mittelfinger seiner Rechten auf die Zwei – als auch verbale Sprache. Er spricht die Zahlennamen laut aus und hört dabei deren Wortklang. Auf diese Weise ordnet er das Wortsymbol seinem selbstgeschaffenen Zahlensymbol zu. Zwei zusammengefügte Korken bedeuten: Zwei.

GUSTAV SCHNEIDET BLUMEN AN

Mit seiner Linken hält Gustav einen Blumenstil fest, mit der rechten Hand führt er das Werkzeug, ein vorne abgerundetes Brotmesser. Die Finger seiner linken Hand, die den Stängel fixieren, hält er in ausreichender Entfernung zur Klinge. Gustav hat schon Erfahrung mit Schneiden, er handhabt das Messer sicher und umsichtig. Dennoch fordert das Tun all seine Konzentration. Sein Gesicht spiegelt teils entspannte, wache Aufmerksamkeit, teils die Anspannung, die er für zielgerichtete feinmotorische Bewegung noch benötigt. Das bereit gelegte Schneidebrett benutzt Gustav nicht, er schneidet die Stiele direkt auf der Tischplatte.

7.6 Intelligenzaufbau

GUSTAV

Gustav hat einen Strauß Tulpen und ein Schneidebrett vor sich liegen und hält ein Messer in der Hand. Der Vierjährige kürzt die Stiele und stellt die Blumen in die Vase.

Gustavs Tun ist keine didaktische Übung. Einmal wöchentlich bringt die Erzieherin frische Blumen für den Gruppenraum mit. Der Junge kommt täglich schon sehr früh in die Tagesstätte, er hat die Erzieherin oft beim Anschneiden der Blumen beobachtet und durfte mithelfen, wenn er dies wollte. Nun beherrscht er den ganzen Vorgang: Er schneidet die Stängel an und ordnet die Blumen in der Vase. Dabei trainiert er nicht nur seine Bewegungsintelligenz. Sein Handeln ist gleichzeitig sozial. Das Ergebnis ist tagelang sichtbar, es wird gebraucht und ist von allen wahrnehmbar. Gustav leistet einen Beitrag zur Gestaltung des Raumes und damit zum Wohlbefinden aller.

Der Aufbau von Bewegungs- und Sinnesintelligenz sowie metabolischer Intelligenz – der Umgang mit einem Messer beim Essen gehört zum kulturell erwünschten Verhalten – geschieht hier gleichzeitig mit der Entwicklung sozialer Intelligenz. Gustav lernt im realen Kontext der Gemeinschaft, zu der er gehört. Das Messer, die Blumen, die Vase, das Wasser – alles wird wirklich im Alltag gebraucht. Indem der Vierjährige seine Bewegungsintelligenz und seine Sinneskoordination trainiert, baut er gleichzeitig soziale Intelligenz auf. Diese Einbindung in die Wirklichkeit ist ein mächtiger Antrieb beim Lernen und beim Intelligenzaufbau. Jedes Kind möchte das tun und beherrschen, was es bei den Erwachsenen beobachtet. Es möchte so sein wie sie. Die Kinder nehmen jede Gelegenheit wahr, die Erwachsenen nachzuahmen. Gustav hat vor einiger Zeit darum gebeten, die Blumen ganz alleine anschneiden und in die Vase stellen zu dürfen. Und jetzt ist es „seine Aufgabe“, die er jede Woche aufs Neue gewissenhaft erfüllt.

Für die Erwachsenen bedeutet dieser Prozess auch, Langsamkeit auszuhalten. Beim ersten Mal brauchte Gustav etwa eine Viertelstunde, bis er alle Blumen geschnitten und in die Vase gestellt hatte. Jetzt sind es nur noch zehn Minuten. Eine Erzieherin hätte das sicher mit wenigen Handgriffen in kürzerer Zeit erledigt. Doch damit wäre auch Gelegenheit für einen komplexen kindlichen Lernprozess ungenutzt geblieben.

GRETA, LILLY UND VIKTORIA KOCHEN APFELKOMPOTT

Drei Mädchen kochen Apfelkompott: Die fünfjährige Greta rührt im Topf. Sie trägt eine Schürze und hält Abstand von der heißen Kochplatte

7.7 Intelligenzaufbau

Wie ist es möglich, dass so junge Kinder bereits so kompetent handeln? Die Erzieherinnen haben die Umgebung passend für die Altersstufe vorbereitet. Sie haben das Rezept ausgewählt, die einzelnen Zubereitungsschritte in Bildern übersichtlich dargestellt und die Zutaten bereit gelegt. Sie sind in Sicht- und Hörweite anwesend, die Kinder können sich jederzeit an sie wenden. Es ist auch dafür gesorgt, dass Greta, Lilly und Viktoria ungestört arbeiten können. Die Kinder haben den Zugang zur Kochecke symbolisch hinter sich geschlossen. Es gilt die Regel, dass andere Kinder fragen, ob sie mitmachen dürfen und ein Nein akzeptieren müssen.

GRETA, LILLY UND VIKTORIA

Die Erzieherinnen trauen den Vier- und Fünfjährigen zu, dass sie ein einfaches Rezept selbstständig zubereiten können; sie sind überzeugt, dass ein kleiner Schnitt keine wirkliche Gefahr darstellt, sondern zur Lebenserfahrung gehört, ohne die ein wirklicher Kompetenzaufbau nicht möglich ist. Dieses Vertrauen in die Kinder ist die Voraussetzung dafür, dass sie Selbstvertrauen aufbauen können. Sie haben die Möglichkeit, die Erfahrung zu machen, aus eigener Kraft erfolgreich zu sein.

Während des gemeinsamen Kochens findet eine Vielzahl von Lernprozessen statt: gleichzeitig, parallel und nacheinander. Sämtliche bisher entwickelten Intelligenzen werden genutzt, gefordert und auf diese Weise erweitert. Bewegungsintelligenz und Sinneskoordination werden benötigt, um die Zutaten zu schneiden, zu mischen und sich selbst vor Verletzungen zu schützen. Metabolische Intelligenz, d.h. zu lernen, für sich selbst und die eigenen körperlichen Bedürfnisse zu sorgen, wird aufgebaut. Körper- und Sinnesintelligenz werden benötigt, um die Qualitäten der Dinge realistisch einzuschätzen. Das Verständnis von „heiß“, „scharf“, „süß“, „sauer“ ist notwendig, um aus den Zutaten ein genießbares Gericht zuzubereiten und sich selbst vor Gefahr zu schützen.

Die Mädchen arbeiten als Team und haben die Aufgaben untereinander verteilt: Während Greta noch im Topf rührt, räumen Lilly und Viktoria schon die Küche auf. Durch ihre soziale Intelligenz und ihre Sprachintelligenz wird diese Zusammenarbeit möglich. Die Bildsymbole des Rezepts haben die Kinder richtig entschlüsselt – und damit auch ihre Sprachintelligenz vertieft.

Indem die drei Kinder den Prozess in allen Schritten steuern – vom Zerschneiden der Äpfel, über die Koordination der verschiedenen Kochschritte bis hin zum gemeinsamen Aufräumen und Essen –, lernen sie Verantwortung zu übernehmen.

Selbstgesteuerte Lernprozesse von Kindern sind hochkomplex. Sie bedürfen einer sorgfältig vorbereiteten Umgebung, die den jeweiligen Entwicklungsbedürfnissen angepasst ist. Und sie brauchen die wache Präsenz von Erwachsenen, durch die die Kinder sich an- und ernst genommen fühlen.

>>

GRETA, LILLY UND VIKTORIA KOCHEN APFELKOMPOTT

Unterdessen waschen und trocknen Lilly und Viktoria, beide vier Jahre alt, die Kochgeräte ab, die sie für die Zubereitung benutzt haben.

In der Kochecke ist alles „echt“: Kochtopf und Kochplatte, Äpfel, Messer und Abwaschschüssel. Die Kinder haben die Äpfel zerschnitten und sie wirklich gekocht – so wie es das Rezept es in Bildern beschreibt. Dabei gab es die Möglichkeit, sich zu schneiden, zu verbrennen oder zu verbrühen. Nichts davon ist geschehen: keine Ritzer im Finger, keine Brandblase. Das normale Risiko der Arbeit am Herd haben die Vier- und Fünfjährigen umsichtig gemeistert.

GRETA, LILLY UND VIKTORIA KOCHEN APFELKOMPOTT

Anschließend sitzen die drei Mädchen am Tisch, der sorgfältig gedeckt ist mit Tellern, Messern und Gabeln. In der Mitte steht das fertige Gericht. Ein Topflappen dient als Untersatz für den heißen Topf. Viktoria bedient sich daraus. Greta und Lilly warten vor ihren bereits gefüllten Tellern

Literaturtipps

Bohm, David (2000): **Der Dialog**. Klett-Cotta-Verlag, Stuttgart
Eliot, Lise (2003): **Was geht da drinnen vor?** Berlin-Verlag, Berlin
Jesper, Juul (1996): **Das kompetente Kind.** Rowohlt-Verlag, Reinbek
Jesper, Juul (2002): **Was gibt's heute?** Walter-Verlag, Düsseldorf
Jesper, Juul (2007): **Die kompetente Familie.** Patmos-Verlag, München
Maturana, Humberto/Varela, Francisco (1994): **Der Baum der Erkenntnis.** Goldmann-Verlag, München
Pearce, J. Chilton (1994): **Der nächste Schritt der Menschheit.** Arbor-Verlag, Freiamt
Piaget, Jean (1994): **Theorien und Methoden der modernen Erziehung.** Fischer-Verlag, Frankfurt
Piaget, Jean/Inhelder Bärbel (1991): **Die Psychologie des Kindes.** dtv/Klett-Cotta, München
Pikler, Emmi (1990): **Lasst mir Zeit.** Pflaum-Verlag, München
Pikler, Emmi (1990): **Friedliche Babys, zufriedene Mütter.** Herder-Verlag, Freiburg
Pikler, Emmi (1995): **Miteinander vertraut werden.** Arbor-Verlag, Freiamt
Wild, Rebeca (1996): **Erziehung zum Sein.** Arbor-Verlag, Freiamt
Wild, Rebeca (2002): **Freiheit und Grenzen, Liebe und Respekt.** Beltz-Verlag, Weinheim
Wild, Rebeca (2006): **Genügend gute Eltern.** Beltz-Verlag, Weinheim
Zohar, Danah (2000): **Am Rande des Chaos.** Midas-Management-Verlag, Zürich